Geheimnisse auf Schloss Augenspuk

Anna Bähler wurde 1967 in Bern in der Schweiz geboren. Sie machte die Ausbildung zur Volksschullehrerin und studierte Kommunikationswissenschaft. Heute arbeitet sie als Redakteurin einer Schweizer Kinderzeitschrift sowie als freie Autorin und lebt in Bern.

Christoph Derron wurde 1944 in Solothurn in der Schweiz geboren. Nach einer Goldschmiedelehre ließ er sich zum Grafiker ausbilden und arbeitete viele Jahre für das Schweizer Schülermagazin *Spick*. Heute lebt er als freier Grafiker im Aargau.

Anna Bähler

Geheimnisse auf Schloss Augenspuk

Eine Geschichte rund um optische Täuschungen

Mit Illustrationen von
Christoph Derron

CARLSEN

Originalausgabe
Veröffentlicht im Carlsen Verlag
Juni 2005
Copyright © 2005 Carlsen Verlag GmbH, Hamburg
Alle Rechte vorbehalten
Umschlagbild: Dorothea Tust nach einer Vorlage
von Christoph Derron
Umschlaggestaltung: Kerstin Schürmann / formlabor
Corporate Design Taschenbuch: Dörte Dosse
Gesetzt aus der Minion von Dörlemann Satz, Lemförde
Druck und Bindung: GGP Media GmbH, Pößneck
ISBN 3-551-35459-6
Printed in Germany

Alle Bücher im Internet: www.carlsen.de

Inhalt

Ein geheimnisvoller Brief   9

Schatzsuche im Keller   11

Auf zum Schloss   14

Eine geheime Botschaft   18

Gefangen!   20

Das Zauberbild   22

Ein Schloss für mich allein   24

Überraschung!   30

Küchengeheimnisse   32

Ertappt!   34

Die Bestie besänftigen   36

Ins Netz gegangen!   38

Seltsame Muster   42

Stromausfall   45

Es werde Licht!   46

Höllenmaschine   48

Flohplage   52

Das Gespenst im Brunnenschacht   54

Kein Unterschlupf im Gartenhaus 58

Auf Schatzsuche 60

Da ist was im Busch 66

Gefährliche Kletterpartie 70

Versteckter Hinweis 72

Falscher Ausgang 74

Der Lösung auf der Spur 76

Fleck weg! 80

Angriff der Menschenfresser 82

Ein sicheres Versteck 85

Entwarnung 88

Zwei Schlüssel 90

Wo ist der Schatz? 92

Kakao trinken und nachdenken 94

Den Code knacken 96

Alles wird gut 98

Das Abenteuer beginnt 101

Noch eine geheime Botschaft 102

Buch der Illusionen 124

Geheimnisse auf
Schloss Augenspuk

Lieber Tim!

Erinnerst du dich an mich? Wohl kaum. Ich habe euch nur ein einziges Mal besucht und da warst du erst zwei Jahre alt. Trotzdem kenne ich dich ziemlich gut. Dein Vater schreibt mir oft und besucht mich, wann immer es geht, das letzte Mal vor einigen Wochen. Er erzählt viel von dir – unter anderem, dass du gerne Rätsel löst. Und deshalb bekommst du heute diesen Brief. Es ist nämlich Zeit, dich in ein Geheimnis einzuweihen. Geh hinunter in den Keller. Dort wirst du eine große Holzkiste finden. Öffne sie und befolge die weiteren Anweisungen. Ich wünsche dir viel Glück!

Dein Großonkel
  Timotheus

Ein geheimnisvoller Brief

Timotheus ist der Großonkel, nach dem ich benannt wurde. Dass er schon einmal bei uns zu Hause war, davon hatte ich keine Ahnung. Viel weiß ich sowieso nicht über ihn. Meine Mutter sagt immer, er ist ein bisschen verschroben, und mein Vater meint dann, das müsse so sein, schließlich sei Timotheus ein genialer Erfinder.
Mich hat dieser seltsame Großonkel jedenfalls nie besonders interessiert. Verwandte, vor allem die älteren, sind meistens ziemlich anstrengend. Aber seit wir hier sind, habe ich meine Meinung geändert!
Eigentlich wollten wir ja die Herbstferien im Süden verbringen, aber letzte Woche hieß es plötzlich, wir müssten das Haus von Großonkel Timotheus aufräumen. Zuerst war ich nicht gerade begeistert. Aufräumen finde ich langweilig! Aber dieses Haus gefällt mir richtig gut. Es ist voll gestopft mit allem möglichen Krempel. »Das sieht ja schlimmer aus als Tims Zimmer!«, meinte Mama, als wir gestern Abend hier ankamen. »Bis wir dieses Chaos beseitigt haben, sind die Ferien um!«
Ich würde aber gerne wissen, wo der Großonkel jetzt ist. Vielleicht in einem Pflegeheim, so wie Urgroßmutter? Aus Mama und Papa ist nichts herauszukriegen, sie tun ganz geheimnisvoll. Heute Morgen sind sie sehr früh weggegangen, »Papierkram erledigen«. Immerhin konnte ich so in Ruhe das Haus durchstöbern.

Überall liegen Sachen herum – Bonbonpapierchen, Glühbirnen, Bleistifte, Tassen, Bücher und Zeitungen, Ansichtskarten, Hundekuchen … selbst auf dem Boden. Bloß der Esstisch, drei Stühle und drei Betten sind freigeräumt. Aber nur, weil wir die benützt haben. An den Wänden entlang sind Kartons aufgetürmt. Jeder ist fein säuberlich beschriftet, da gibt es zum Beispiel »Schraubenzieher«, »Weihnachtsschmuck«, »Quietsche-Enten«, »Reagenzgläser« und vieles mehr …

In diesem paradiesischen Sammelsurium habe ich also herumgewühlt, als es an der Tür klingelte. Ein Fahrradkurier drückte mir wortlos einen Umschlag in die Hand. Es war ein Brief für mich.

Der Brief von Großonkel Timotheus.

Worauf warte ich eigentlich noch? Los, runter in den Keller!

Schatzsuche im Keller

Der Keller ist genauso voll gestopft und unübersichtlich wie der Rest des Hauses. Je länger ich ihn durchsuche, desto mehr ärgere ich mich über die Unordnung. Aber ich gebe nicht auf. Hinter einem verrosteten Gartentisch finde ich schließlich die große Holzkiste. Sie sieht alt aus, ist etwa so lang wie mein Schreibtisch, so hoch wie ein Stuhl und ziemlich schmal. An der Seite klebt ein Zettel. Die Schrift ist verblichen, doch ich kann sie entziffern: »Für Tim«.
Was wohl in der Kiste steckt? Vielleicht ist es ja eine von Timotheus' Erfindungen, eine Zeitmaschine oder so etwas Ähnliches. Aufgeregt zerre ich an den Brettern. Der Holzdeckel auf der Seite lässt sich erstaunlich leicht öffnen. Aber was ich dann sehe, ist eine Enttäuschung: In der Kiste steht ein Fahrrad! Keine Zeitmaschine – ein altes, verrostetes Fahrrad!
Na toll, noch mehr Schrott!
Da ich mir so viel Mühe gegeben habe, die Kiste zu suchen, will ich mir den alten Drahtesel wenigstens ansehen. Also ziehe ich am Vorderrad. Die Speichen fühlen sich irgendwie komisch an. Vielleicht ist das doch kein gewöhnliches Fahrrad!
In der Kiste liegt noch etwas, ein Buch. Als ich es aufschlagen will, fällt ein Umschlag heraus. Darin liegen eine Karte und ein Brief.

Bravo, Tim!

Du hast die Kiste also gefunden und damit die erste Aufgabe gelöst. Steig auf das Fahrrad. Du wirst sehen, es ist ein ganz besonderes Gefährt. Folge damit dem Weg auf der Karte.
Sicher hast du auch das Buch der Illusionen entdeckt. Nimm es mit, es wird dir nützlich sein, denn es gibt dir einen Einblick in die Geheimnisse unseres Sehens. Und du wirst bald merken, dass du deinen Augen nicht immer trauen kannst!

Mach's gut!
Timotheus

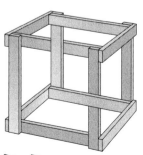

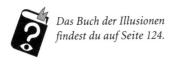

Das Buch der Illusionen findest du auf Seite 124.

Auf zum Schloss

Ich schaue mir die Karte genau an. Von Timotheus' Haus im Fliederweg führt eine markierte Route aus der Stadt hinaus, über die nahe gelegenen Hügel und durch den Wald zu einem Schloss.

Ich kenne die Gegend ja nicht, aber es sieht ganz schön weit aus. Außerdem ist es schon sechs. So spät sollte ich nicht mehr weg. Doch eines ist klar: Ich muss zu diesem Schloss! Am besten mache ich mich auf den Weg, bevor Mama und Papa zurückkommen und es mir verbieten. Also schleppe ich das Fahrrad die steile Kellertreppe hoch, werfe noch mal einen Blick auf die Karte und fahre los.

Erstaunlich, wie schnell sich die Räder drehen, beinahe von allein. Schon nach einer halben Stunde liegen Hügel und Wald hinter mir. Vor mir: das Schloss. Im Abendlicht wirkt es düster und geheimnisvoll. Langsam fahre ich auf den Eingang zu, doch dann sehe ich es: Die Brücke, die hinüberführt, ist kaputt. Das fängt ja gut an! Was soll ich jetzt machen?

Im Buch der Illusionen auf Seite 121 erfährst du mehr über die seltsamen Räder.

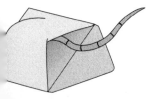

Im Buch der Illusionen auf Seite 120 erfährst du, wie man dieses Problem löst.

Eine geheime Botschaft

Wie gut, dass ich das Buch der Illusionen habe. Damit konnte ich dieses Hindernis schnell überwinden. Vorsichtig lehne ich das Fahrrad gegen die Schlossmauer und gehe weiter, bis ich vor einer massiven Tür stehe. Das Holz ist dunkel, verwittert und mit Spinnweben bedeckt. Vermutlich hat seit langer Zeit niemand mehr dieses Schloss betreten.
Und doch hängt da ein Zettel. Allerdings sind darauf nur schwarze und weiße Linien zu sehen. Ist das eine geheime Botschaft? Ich bin ratlos.
Es dämmert bereits. Über mir flattern Fledermäuse herum. Ich suche nach einem Türklopfer. Vergeblich. Also rufe ich laut: »Hallo, ist da jemand?«
Keine Antwort. Nur das Flügelschlagen der Fledermäuse ist zu hören und der Wind pfeift um das alte Gemäuer. So schnell gebe ich nicht auf. Es muss irgendeinen Trick geben!
Ich schaue mir den Zettel noch einmal genauer an: Schwarze Linien, weiße Linien, schwarze Linien, weiße Linien ... Plötzlich habe ich eine Idee. Hastig nehme ich das Blatt in die Hand, bewege es vor meinen Augen auf und ab, schaue es aus allen Blickwinkeln an – und dann sehe ich sie, die geheime Botschaft.

Im Buch der Illusionen auf Seite 120 erfährst du mehr über das Geheimnis dieser Botschaft.

Gefangen!

Mit einem Knall fällt die Tür hinter mir zu. Ich stehe in einer großen Halle, die von Kerzen erleuchtet wird. Schatten tanzen über die Wände, an denen Bilder mit seltsamen Gestalten hängen. Es ist kalt und riecht nach Moder. Eine Spinne krabbelt an meinem Arm hoch.
Mir läuft es kalt den Rücken hinunter. Bloß weg hier! Ich drehe mich um und will wieder hinaus, doch die Tür ist verschlossen. Mit zittrigen, schweißnassen Händen rüttle ich daran. Hoffnungslos. Ich bin im Schloss gefangen.
Tief durchatmen. Es muss noch einen anderen Ausgang geben – ich muss ihn nur finden. Langsam durchquere ich die Halle und stolpere dabei beinahe über einen Farbtopf. Er steht unter einem Gemälde, auf dem ein Mann mit riesigem Schnauzbart zu sehen ist. Neben dem Farbtopf liegt ein Zettel. Ein weiterer Brief von Großonkel Timotheus? Eher eine Anleitung.

Vollende das Porträt des Grafen: Bemal sein Gesicht mit roter Farbe. Sieh dir das fertige Bild genau an, zähl dabei langsam bis 60 und schau dann auf die leere Leinwand dahinter.

Das Zauberbild

Wirklich erstaunlich. Mein Blick wandert zurück zum Porträt des Grafen. Ich schaue den roten Kopf noch einmal an, blicke dann auf die leere Leinwand und wieder erscheint das Geisterbild.

Als ich den Zettel mit der Anleitung in meine Tasche stecken will, sehe ich, dass auf der Rückseite etwas geschrieben steht.

Willkommen auf Schloss Augenspuk, lieber Tim!

Hast du bereits entdeckt, wie der Graf sich auf wundersame Weise verwandelt? Wenn nicht, dann drehe diesen Brief um und folge den Anweisungen.

Faszinierend, nicht wahr? Das ist übrigens kein Spuk und auch keine Zauberei, sondern ein einfacher Trick. Wie er funktioniert, steht im Buch der Illusionen.

Es warten noch viele Überraschungen auf dich. Also erkunde Schloss Augenspuk, du hast es ganz für dich allein!

Timotheus

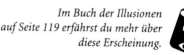

Im Buch der Illusionen auf Seite 119 erfährst du mehr über diese Erscheinung.

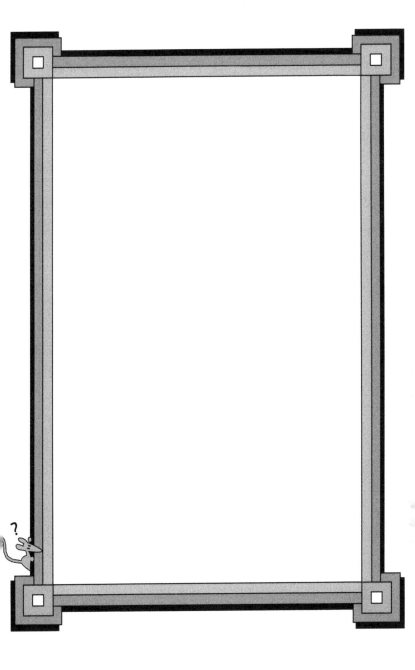

Ein Schloss für mich allein

Zuerst ein Haus voller geheimnisvoller Dinge und nun ein ganzes Schloss! Hätte ich davon gewusst, wäre ich früher zu meinem Großonkel gefahren. Papa hat mich oft gefragt, ob ich mitkommen will, aber ich hatte keine Lust. Besuche bei alten Verwandten finde ich öde. Lieber tüftle ich an meinen selber erfundenen Computerspielen oder spiele Fußball mit meinen Freunden.

Aber jetzt bin ich hier und ich habe ein ganzes Schloss für mich allein! Ich werde es bis in die hintersten Winkel erkunden, so viel steht fest! Vor mir ist eine breite Treppe. Ich hole tief Luft und laufe los, die Stufen hinauf und weiter durch endlose Gänge, so schnell, dass die Ritterrüstungen an den Wänden erzittern und klappern.

Irgendwann geht mir die Puste aus. Keuchend lasse ich mich zu Boden fallen. Erst mal Luft holen. Mein Herz pocht und das Blut rauscht mir in den Ohren – oder ist das der Wind? Ich weiß es nicht. Plötzlich höre ich noch ein anderes Geräusch, ein Seufzen. Mir stehen vor Schreck die Haare zu Berge. Ich halte den Atem an – da ist es wieder, ganz deutlich – ein lautes Seufzen. Es kommt aus dem Korridor, der weiter vorne nach rechts abbiegt.

Langsam stehe ich auf. Ich zittere. Soll ich weitergehen und einen Blick um die Ecke wagen? Ich muss. Ich

muss wissen, wer oder was da seufzt. Schritt für Schritt bewege ich mich vorwärts, bleibe an der Ecke stehen, wage einen Blick nach rechts und da sehe ich es.
Ein Monster! Ein riesiges, Furcht erregendes Monster! Vom Ende des Säulenganges fixiert es mich mit seinem starren Blick. Ich will wegrennen, doch meine Beine gehorchen mir nicht. Wie gelähmt muss ich zusehen, wie das Ungetüm ganz langsam auf mich zukommt.

Im Buch der Illusionen auf Seite 118 erfährst du mehr über das Monster im Gang.

Überraschung!

Dann steht es vor mir. Große Augen sehen zu mir auf. Das ist gar kein Riesenmonster, sondern ein kleiner Wicht!
»Weshalb bist du geschrumpft, als du näher kamst?«, frage ich mit zittriger Stimme. Der Schreck steckt mir noch in den Knochen.
»Ach, das ist ein einfacher Trick. Ich dachte, du hättest das Buch der Illusionen bereits bekommen.«
Die Stimme klingt hohl. Die Fratze des Monsters ist starr und glänzt. Jetzt erkenne ich, dass es eine Maske ist, und auch das letzte bisschen Angst verschwindet.
»Zeig dein Gesicht!«, befehle ich und strecke die Hand aus, um die Maske wegzureißen.
»Nicht so hastig, mein Junge!«, ruft das Monster und weicht zurück.
»Wer bist du?«
»Ich bin der gute Geist des Hauses«, sagt das Wesen und nimmt endlich die Verkleidung ab. Ein alter Mann kommt zum Vorschein. Er zwinkert mir zu und stellt sich höflich vor: »Gestatten? Hubertus Meier ist mein Name. Ich bin der Diener deines Großonkels.«
»Warum haben Sie sich denn als Monster verkleidet?«
»Wir wollten deinen Mut testen.« Wieder zwinkert er.
»Ein kleiner Scherz deines Großonkels.«
Besonders witzig finde ich das nicht, trotzdem frage ich weiter: »Und wo ist mein Großonkel?«

»Das darf ich dir nicht verraten. Du wirst es noch früh genug erfahren. Komm jetzt mit!«

Hubertus Meier hat es offenbar eilig. Schnell folge ich ihm. Während wir durch die Korridore hasten, höre ich das dumpfe Läuten einer Uhr. Ich zähle die Schläge und kann es nicht fassen: Es ist schon acht! Meine Eltern sind sicher längst zurück und fragen sich, wo ich bin. Ich hätte ihnen eine Nachricht hinterlassen sollen.

»Entschuldigen Sie, könnte ich kurz zu Hause anrufen?«, frage ich atemlos.

»Wir haben hier kein Telefon«, brummt der Alte und öffnet eine Tür.

Im Buch der Illusionen auf Seite 118 erfährst du mehr über diese Uhr.

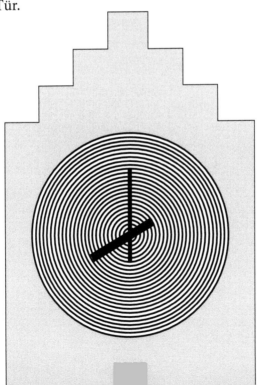

Küchengeheimnisse

Wir sind in der Küche. Am Herd steht eine dicke Frau und rührt in einem Topf. Als sie uns sieht, lacht sie fröhlich und ich fühle mich gleich viel besser.
»Das ist meine Frau, Amalia«, sagt Hubertus Meier. Er hängt die Maske an einen Haken in der Ecke und verschwindet dann durch eine andere Tür.
Frau Amalia legt den Kochlöffel zur Seite und gibt mir die Hand. »Herzlich willkommen, Tim!«
»Danke«, antworte ich verwirrt.
Ein köstlicher Duft steigt mir in die Nase, der mich an Besuche bei meinen Großeltern erinnert. Die Küchenuhr tickt leise, im Kamin knistert ein Feuer. Erleichtert setze ich mich.
»Hast du Hunger?«, fragt Frau Amalia.
Hunger? Ja! Ich habe seit dem Frühstück nichts mehr gegessen. Also nicke ich eifrig.
»Dort drüben auf dem Tisch ist Kuchen. Nimm dir einfach, was du möchtest.«
Tatsächlich, zwischen Tellern und Tassen stehen zwei Torten. Sie sehen köstlich aus! Mein Magen knurrt, darum greife ich nach der größeren.

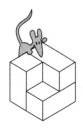

Ertappt!

»Na, schmeckt's?« Frau Amalia steht plötzlich neben mir. »Wie ich sehe, hast du gleich die ganze Torte verputzt.«
»Und sogar die größere«, gestehe ich mit vollem Mund.
Die alte Frau schmunzelt. »Die größere? Es sind doch beide Torten gleich groß! Wenn du mir nicht glaubst, dann sieh im Buch der Illusionen nach, auf Seite 117.«
»Buch der Illusionen? Sie wissen also auch Bescheid! Bloß ich habe keine Ahnung, was hier abläuft.« Allmählich werde ich ärgerlich.
»Ich führe deinem Großonkel den Haushalt. Natürlich weiß ich Bescheid«, sagt Frau Amalia beschwichtigend.
»Und wieso erklärt mir niemand, was ich hier soll?«
»Alles, was ich sagen kann, ist dies: Wir haben auf dich gewartet, Tim.« Sie lächelt wieder – beruhigend freundlich. »Aber genug gefragt, mein Junge. Ich habe noch einiges zu erledigen und du übrigens auch. Wenn ich dir einen Rat geben darf: Such dir einen Gefährten.« Mit diesen geheimnisvollen Worten verlässt sie die Küche.
Ich bleibe allein zurück.
Allein?
Aus der Ecke neben dem Kühlschrank starren mich Augen an, Zähne blitzen auf. Ein knurrender Schatten löst sich aus der Dunkelheit.

Die Bestie besänftigen

Das darf doch nicht wahr sein. Ein Hund! Die beiden Alten haben mich mit einer riesigen, gefährlichen Bestie allein gelassen! Ich springe auf, der Stuhl fällt scheppernd zu Boden. Erschreckt zieht sich das große Tier wieder in seine Ecke zurück. Nach einer Weile streckt es prüfend die Schnauze hervor.
Das ist ja gar keine gefährliche Bestie, sondern ein scheues Wuscheltier, das abwechselnd knurrt und mit dem Schwanz wedelt. So einen Hund wollte ich schon immer! Ich halte ihm meine Hand hin und warte. Vorsichtig kommt er näher, beschnuppert mich und wagt schließlich meine Finger abzulecken.
»Braver Hund!«, lobe ich und streichle über das weiche Fell.
Dabei betrachte ich das Tier genauer. Etwas stimmt nicht mit seinen Beinen. Mal zähle ich vier, dann wieder fünf. Das ist seltsam – so wie alles andere in diesem Schloss!
Im nächsten Moment fliegt die Tür auf und Frau Amalia kommt herein. »Ah, ihr habt euch schon beschnuppert, sehr schön.« Dann reicht sie mir einen Umschlag und sagt: »Hier, mein Junge, lies das!«
Es ist ein weiterer Brief von meinem Großonkel.

Lieber Tim!
Du hast also meinen besten Gefährten kennen gelernt. Struppi ist ein treues und liebes Tier und ich hoffe, ihr beide werdet Freunde. Von deinem Vater weiß ich, dass du dir seit langem einen eigenen Hund wünschst. Struppi wird dir bei diesem Abenteuer zur Seite stehen. Auf ihn kannst du dich verlassen.
Folge ihm!
Timotheus

»Struppi ... Tim und Struppi, so heißen doch diese zwei Comic-Figuren«, murmle ich.

»Stimmt. Dein Großonkel wurde von Freunden Tim genannt. Als er vor einem Jahr einen Welpen vor der Tür fand, erlaubte er sich diesen kleinen Spaß«, antwortet Frau Amalia. »Und jetzt pass auf, dass dir Struppi nicht davonläuft! Er wird dich zur nächsten Aufgabe führen.«

Hastig springe ich auf. Vom Hund ist bloß noch die Schwanzspitze zu sehen, die durch den Türspalt verschwindet.

Ins Netz gegangen!

Im Korridor ist es düster. Aus der Ferne höre ich die Hundepfoten über den Steinfußboden tappen. Ich folge dem Geräusch, so gut ich kann, aber Struppi ist schneller als ich. Plötzlich wird es still. Langsam gehe ich weiter, bis ich zu einer Abzweigung komme.
Soll ich geradeaus gehen, nach links oder nach rechts? Ich habe keine Ahnung, wohin der Hund verschwunden ist. Spontan entscheide ich mich für den geraden Weg. Nach einigen Metern endet der Korridor und ich stoße auf eine Tür. Aus dem Raum dahinter dringt herzzerreißendes Miauen. Da ist eine Katze in großer Not!
Mutig reiße ich die Tür auf, stürme in den Raum und erstarre. Von der Decke bis zum Boden spannt sich ein

silbrig schimmerndes Netz. In der Mitte sitzt eine fette schwarze Spinne.

Die Katze kann ich nirgends sehen. Sicher ist sie hinter dem Spinnennetz gefangen. Heftig zerre ich daran, um sie zu befreien. Nichts geschieht. Die Spinne stiert mich an, lässt sich durch meine Attacke nicht aus der Ruhe bringen. Höchst ungewöhnlich! Ich schaue mir die Sache genauer an, greife erneut in das Netz und stelle fest: Die Fäden sind überhaupt nicht klebrig! Kein Wunder, es ist ein Geflecht aus feinen Plastikfäden.

Die unsichtbare Katze miaut immer noch. Wenig später sehe ich einen CD-Player, der in der Ecke steht. Wütend drücke ich auf Stopp und die Tierlaute verstummen. Sicher ist das wieder so ein Scherz meines Großonkels. Also betrachte ich noch einmal das Netz und plötzlich entdecke ich einen Katzenkopf und nach einer Weile noch sechs andere Tiere.

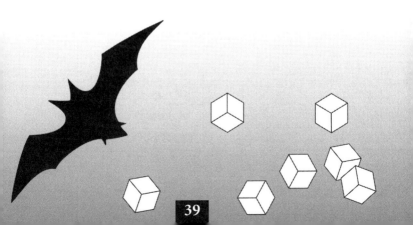

Im Buch der Illusionen auf Seite 117 erfährst du mehr über die Tiere im Netz.

Seltsame Muster

Etwas Kaltes berührt meine linke Hand. Eine Hundeschnauze, Struppi! Glücklich knuddle ich ihn. Dabei ertaste ich etwas. An seinem Halsband ist eine Kapsel befestigt und darin steckt eine weitere Nachricht.

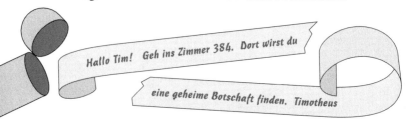

Hallo Tim! Geh ins Zimmer 384. Dort wirst du eine geheime Botschaft finden. Timotheus

Dass die Türen Nummern tragen, ist mir bisher gar nicht aufgefallen. Erstaunlicherweise ist das Zimmer 384 gleich nebenan. Die Tür steht offen. An einer Wand hängt ein Teppich. Abgesehen davon ist der Raum leer.

»Na, Struppi, wo ist die geheime Botschaft versteckt? Such!«

Der Hund legt den Kopf schräg und schaut mich erwartungsvoll an.

»Such, Struppi!«, versuche ich es noch mal.

Offenbar versteht er mich nicht, er wedelt mit dem Schwanz und beginnt zu bellen.

»Lass das, Struppi. Such die Botschaft!«

Der Hund steht stur vor der Wand und kläfft sie an.

Plötzlich verstehe ich: Der Teppich! Da muss die geheime Botschaft versteckt sein!

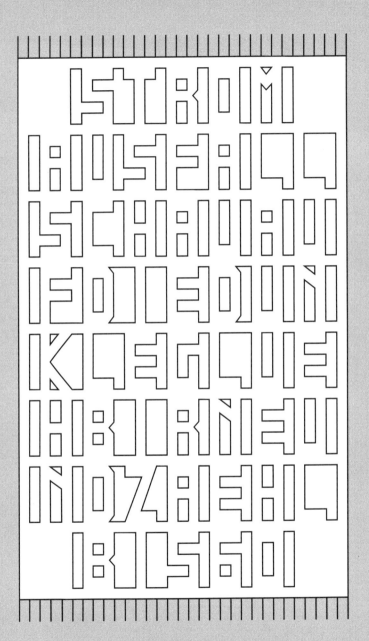

Der Teppich ist seltsam gemustert. Vielleicht ist das eine Geheimschrift. Aber sosehr ich mir den Kopf zerbreche, ich kann den Code nicht knacken. Ich beschließe das Muster abzuzeichnen und mitzunehmen. Vielleicht kann ich die Botschaft später entziffern.

Auf der Suche nach einem Stift durchwühle ich meine Hosentaschen und stoße dabei auf drei zerknüllte Taschentücher, mehrere Bonbon- und Kaugummipapierchen, ein Schneckenhaus ohne Schnecke, einen Würfel, einen Pingpongball, vier Fußball-Sammelbildchen, die letzte Mathearbeit und einen Stein, der aussieht wie ein Auge. Den habe ich gefunden, als im Nachbargarten neue Leitungen verlegt wurden.

Ungeduldiges Knurren reißt mich aus meinen Gedanken. »Ist ja gut, Struppi! Ich werde mich beeilen.«

Endlich. Da ist ein Bleistift. Ich glätte die zerknüllte Mathearbeit, drehe sie um und beginne das Muster zu kopieren. Das ist ziemlich mühsam, doch nach einigen Minuten habe ich es geschafft. In diesem Moment höre ich Donnergrollen und dann Regentropfen, die gegen die Fensterscheiben prasseln.

Im Buch der Illusionen auf Seite 116 erfährst du mehr über die Geheimschrift.

Stromausfall

Ein blendendes Licht und ein Knall lassen mich zusammenzucken. Mit einem Schlag ist es stockfinster. Offenbar ein Gewitter.
Wäre ich zu Hause, würde ich jetzt am Fenster stehen und zusehen, wie die hellen Zacken die Dunkelheit zerreißen. Ich würde die Sekunden zählen, die verstreichen, bis es donnert. So kann man ausrechnen, wie weit entfernt der Blitz eingeschlagen hat.
Noch ein Blitz und kurz danach dumpfes Grollen. Das war nahe! Was, wenn der Blitz ins Schloss einschlägt? Obwohl ich Gewitter mag, macht sich ein mulmiges Gefühl in mir breit.
»Struppi, wo bist du? Struppi!«
Vermutlich hat er sich verkrochen. Durch die Fenster dringt kaum Licht ins finstere Zimmer. Wie spät es wohl ist? Zum Glück habe ich eine Uhr mit Leuchtziffern.
Halb neun. Ich sollte wirklich längst zurück sein. Meine Eltern machen sich sicher Sorgen. Zu Recht! In der Dunkelheit wirkt das Schloss unheimlich, mein Großonkel versteckt sich vor mir und dieser Hund, der angeblich so treu ist, verzieht sich, wenn es ungemütlich wird. Mir reicht's!
Vorsichtig tappe ich durchs Zimmer. Neben der Tür finde ich den Lichtschalter. Ich drücke ihn, es bleibt dunkel. Offenbar ist der Strom ausgefallen.

Es werde Licht!

Stromausfall? Das Wort erinnert mich an etwas.
Vor meinem inneren Auge sehe ich ein S – kein weiches, geschwungenes S, wie ich es schreibe, sondern ein eckiges – dann ein T, ein R, ein O, ein M … das Muster auf dem Teppich!
Ich schaue noch mal meine Skizze an. Es ist eine Geheimschrift. Plötzlich sehe ich die Botschaft klar vor mir:

STROMAUSFALL SCHAU AUF DIE DUNKLE
GLUEHBIRNE UND ZAEHL BIS 60

Welche Glühbirne? Ich sehe mich um. Zum Glück ist inzwischen der Mond aufgegangen und es ist etwas heller geworden im Zimmer. Von der Decke baumelt eine Glühbirne, direkt über mir.
Versuchen kann ich es ja: Ich schaue hoch und zähle langsam bis 60.
Kaum zu glauben, es funktioniert!

*Es funktioniert!
Im Buch der Illusionen auf
Seite 115 erfährst du, wie.*

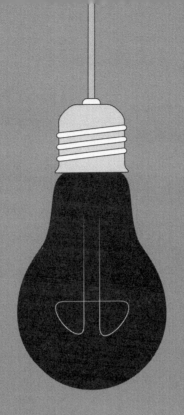

Höllenmaschine

Nachdem ich die Glühbirne eine Weile angeschaut habe, scheint es ringsum heller zu werden. Allerdings nicht hell genug, um den Ausgang zu finden. Wo Hubertus Meier wohl steckt? Es wäre doch seine Aufgabe, den Strom wieder einzuschalten.

Wenn bei uns zu Hause die Lichter ausfallen, geht Papa immer in den Keller, zu den Sicherungen. Ich habe keine Ahnung, was eine Sicherung ist. Aber so viel weiß ich: Wenn man eine neue reinschraubt, wird es wieder hell. Sicherungen, oder so etwas Ähnliches, muss es auch in diesem Schloss geben. Ich gehe hinaus in den dunklen Korridor und taste mich an der Wand entlang.

»Was suchst du denn, mein Junge?«, tönt es da hinter mir.

Ich drehe mich um. Helles Licht blendet mich, dennoch erkenne ich den Diener meines Großonkels.

»Entschuldige«, sagt er und senkt die Taschenlampe, »ich bin auf dem Weg in den Keller. Der Strom ist ausgefallen.«

Mir graut davor, allein in der Dunkelheit zurückzubleiben, und ich folge ihm. Weder Regen noch Donnergrollen ist zu hören, das Gewitter ist offenbar weitergezogen. Plötzlich erklingt eine leise Melodie.

»Hubertus Meier«, meldet sich der Diener. »Okay, alles klar!«

Das gibt es doch nicht! Der Mann hat ein Handy und mir erzählt er, hier im Haus gebe es kein Telefon!
»Herr Meier«, setze ich an.
Er unterbricht mich: »Tim, geh schon mal dahinein. Ich muss etwas erledigen.«
Der Mond scheint durch die Kellerfenster und beleuchtet eine große Maschine in der Mitte des Raums. Eine Sicherung ist das kaum – in unserem Keller steht jedenfalls kein derartiges Riesenteil.
Ich trete näher heran. Mit den vielen Knöpfen und Schaltern sieht das Ding aus wie eine Höllenmaschine! Dann entdecke ich einen Zettel.

Armer Tim!

Offenbar wurde der Generator lahm gelegt und die Lichter sind ausgegangen. Diese Strommaschine sieht kompliziert aus, doch es ist ganz einfach, sie wieder in Gang zu setzen. Schau sie dir genau an. Suche den Zeiger, der in die falsche Richtung weist, und drück auf den Knopf darunter!

Timotheus

Im Buch der Illusionen auf Seite 115 erfährst du mehr über diese Maschine.

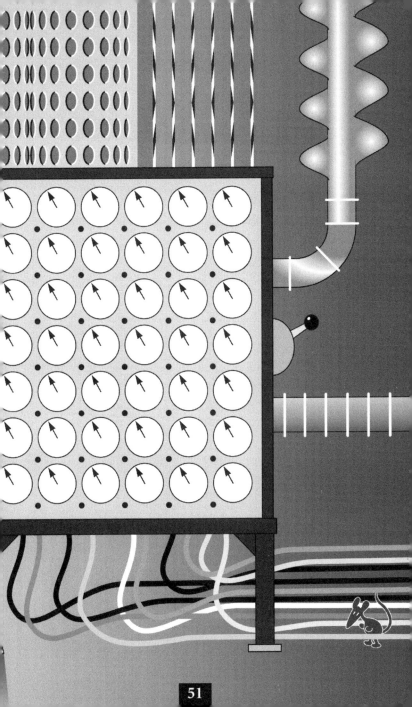

Flohplage

Großonkel Timotheus hat Recht: Ich finde den richtigen Knopf in Sekunden. Das Licht geht an und ich fühle mich gleich wohler.
Vielleicht liegt das aber auch daran, dass Struppi wieder da ist und um meine Beine streicht. Dabei winselt er und versucht sich zu kratzen. Schnell sehe ich auch, warum: Der Kellerboden ist mit einem Gitterrost bedeckt, auf dem winzige schwarze Punkte auf und ab hüpfen – Flöhe! Sofort fange ich auch an mich zu kratzen. Wenn ich bloß an Ungeziefer denke, juckt es mich!
Struppi versucht die Flöhe auf dem Gitter mit seinen Pfoten zu fangen. Vergeblich! Er ist zu langsam. Ich verfolge die Punkte mit meinen Augen und merke bald, dass das keine gewöhnlichen Flöhe sind. Sie verschwinden, sobald ich genauer hinsehe.
Das muss ein weiterer Streich meines Großonkels sein. Das Jucken hört sofort auf. Struppi hingegen kratzt sich immer noch. Sicher plagen ihn echte Flöhe!

Im Buch der Illusionen
auf Seite 114 erfährst du mehr
über die Flöhe.

Das Gespenst im Brunnenschacht

»Du Armer«, sage ich zu dem flohgeplagten Hund und kraule ihn.
Struppi scheint das nicht zu behagen. Er schüttelt sich, rennt aus dem Kellerraum, die Treppe hinauf und kratzt an der Tür, die ihm den Weg versperrt. Ich öffne sie und sehe, dass sie hinaus in den Schlosspark führt. Der Hund wetzt zum nächsten Baum und hebt das Bein. Offenbar war es höchste Zeit fürs Gassigehen!
Der Park wirkt unheimlich. Die Bäume und Sträucher werfen lange Schatten. Ich höre leises Knirschen und sehe wenige Schritte entfernt etwas vorbeihuschen.
»Wer ist da?«
Ich bekomme keine Antwort.
Struppi rennt wie verrückt um eine runde Mauer herum. Es ist ein alter Ziehbrunnen. Tief unten im Schacht schimmern weiße Flecke auf der dunklen Wasseroberfläche, wohl das Mondlicht, das durch die Blätter scheint. Je länger ich in den Brunnenschacht starre, desto mehr fasziniert mich das Muster.
Plötzlich erscheint vor meinen Augen ein klares Bild. Meine Knie beginnen zu schlottern. Hier geht es nicht mit rechten Dingen zu!

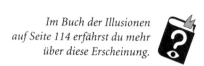

Im Buch der Illusionen auf Seite 114 erfährst du mehr über diese Erscheinung.

Ich will es genau wissen. Darum nehme ich den Eimer und lasse ihn am Seil in den Brunnenschacht hinab. Einen Augenblick später höre ich ein dumpfes Geräusch. Der Eimer steht auf einer Art durchsichtigen Abdeckung, wenige Zentimeter über dem Wasser. Diese ist vermutlich aus Plastik oder Glas. Es sieht so aus, als sei sie an einigen Stellen mit einem samtig dunklen Material beklebt, in dem sich das Mondlicht nicht spiegelt. So wird das geheimnisvolle Muster also erzeugt.

Ich ziehe den Eimer wieder hoch. Unten am Boden klebt ein dicker Umschlag, den ich vorher nicht bemerkt habe. Er enthält eine neue Nachricht und eine Karte.

Lieber Tim!
Gefällt dir dein Spiegelbild im Brunnen?
Spaß beiseite! Der Park von Schloss Augenspuk birgt noch mehr Geheimnisse. Wie wär's mit einer Schatzsuche?
Viel Glück!
Timotheus

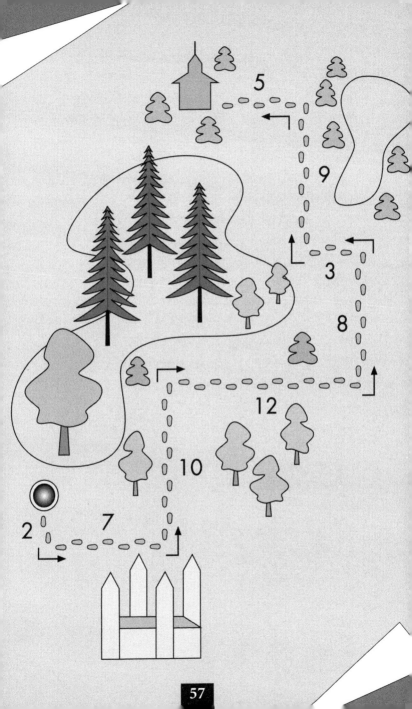

Kein Unterschlupf im Gartenhaus

… 7, 8, 9. Ich zähle meine Schritte. Ein Regentropfen landet auf meiner Nase. Wieso muss es gerade jetzt anfangen zu regnen?

Jetzt? Ich sehe nach unten. Der Boden ist trocken. Komisch, er müsste eigentlich nass sein nach dem Gewitter vorhin. Ob das auch bloß eine Illusion war, vorgegaukelt von meinem Großonkel?

Ein Blitz zerreißt die Dunkelheit, Donner grollt und heftiger Regen setzt ein. Schon nach wenigen Sekunden bin ich pitschnass. Nun aber schnell!

1, 2, 3, 4, 5. Da, das Gartenhaus! Endlich bin ich im Trockenen. Doch seltsam, ich stehe drin und werde trotzdem nass. Der Architekt, der das gebaut hat, war wohl ganz schön verdreht. Er hat offenbar innen mit außen und vorne mit hinten verwechselt!

Ich halte mir das Buch der Illusionen als Regenschutz über den Kopf und versuche nachzudenken. Aber mir ist kalt und ich bin hundemüde. Wie soll ich da bloß den Schatz finden?

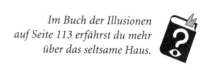

Im Buch der Illusionen auf Seite 113 erfährst du mehr über das seltsame Haus.

Auf Schatzsuche

Ich muss es trotzdem versuchen. Mit dem Zeigefinger klopfe ich gegen die Wände und den Fußboden, vielleicht ist ja irgendwo ein Hohlraum.
Was ist denn das? Gleißendes Licht blendet mich. Beim Abtasten der Wand habe ich offenbar einen Schalter berührt und einen Scheinwerfer angeknipst, der das Gartenhaus beleuchtet.
Mein Blick fällt auf ein großes A, das mit weißer Farbe auf eine der Bodenplatten gepinselt wurde. Auf einer anderen Platte steht ein großes, dunkles B. Und an der Säule hängt ein Zettel.

Unter der helleren Bodenplatte findest du einen Hinweis!

Das ist einfach. Ich hebe die hellere Bodenplatte hoch, darunter liegt ein Papier. Tatsächlich, ein Hinweis – allerdings ein anderer, als ich erhofft hatte …

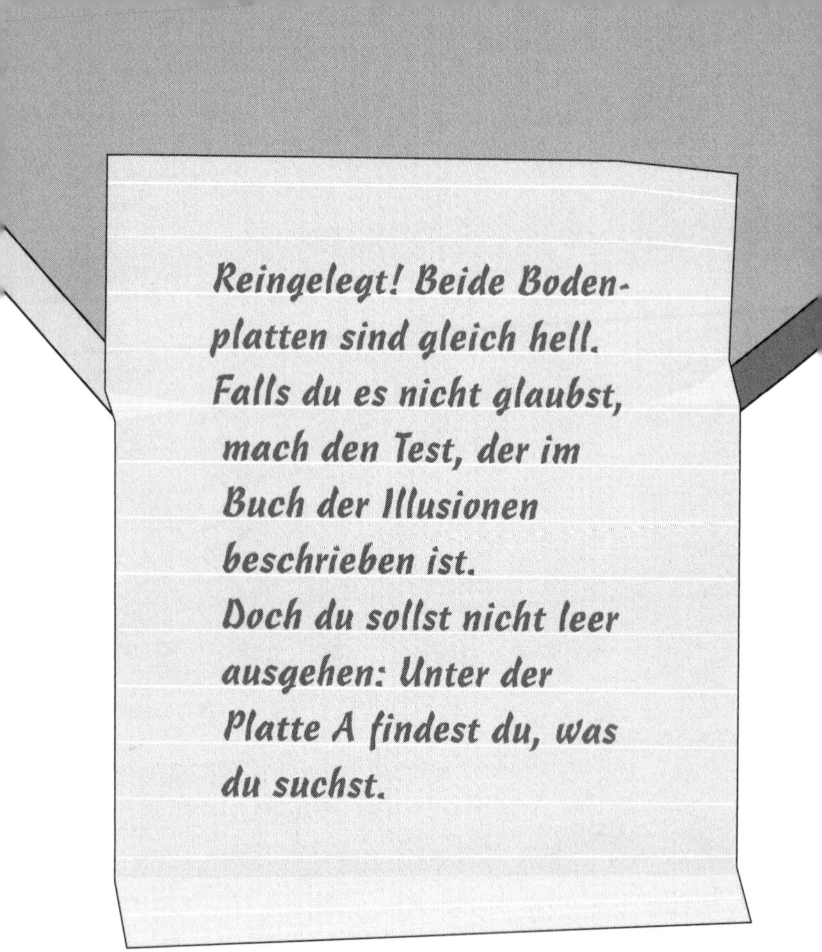

Reingelegt! Beide Boden-
platten sind gleich hell.
Falls du es nicht glaubst,
mach den Test, der im
Buch der Illusionen
beschrieben ist.
Doch du sollst nicht leer
ausgehen: Unter der
Platte A findest du, was
du suchst.

Ich werde später nachlesen, ob stimmt, was da steht. Erst mal will ich wissen, was unter Platte A versteckt ist.
Na toll, noch ein Rätsel!

Im Buch der Illusionen auf Seite 112 erfährst du mehr über die beiden Platten.

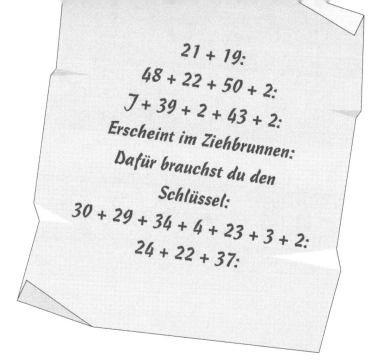

21 + 19:
48 + 22 + 50 + 2:
7 + 39 + 2 + 43 + 2:
Erscheint im Ziehbrunnen:
Dafür brauchst du den Schlüssel:
30 + 29 + 34 + 4 + 23 + 3 + 2:
24 + 22 + 37:

Was soll das denn alles bedeuten? 21 plus 19, das ergibt 40. Aber das hilft mir nicht weiter. Erscheint im Ziehbrunnen? Das wenigstens ist klar! Aber wofür brauche ich einen Schlüssel? Welchen Schlüssel? Und wozu die Rechnungen? Ich kapiere es einfach nicht.
Aus der Ferne ertönt Gebell: Struppi. Den Hund habe ich ganz vergessen. Ich falte das Papier und stecke es ein. Dann mache ich mich auf die Suche.
Ich finde Struppi bald auf einem kleinen Hügel. Er hat einen Knochen im Maul, wedelt und springt an mir hoch. Von der Anhöhe hat man einen guten Ausblick über den Park. Im Mondschein sehe ich eine Gruppe kugelrunder Büsche auf einer Wiese unter uns.

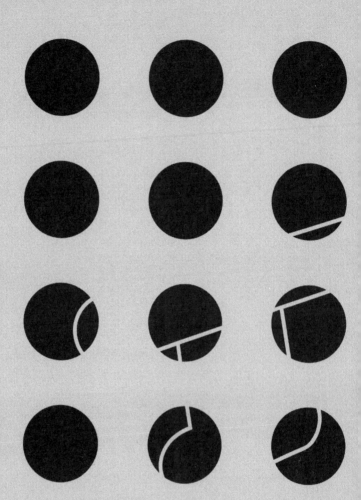

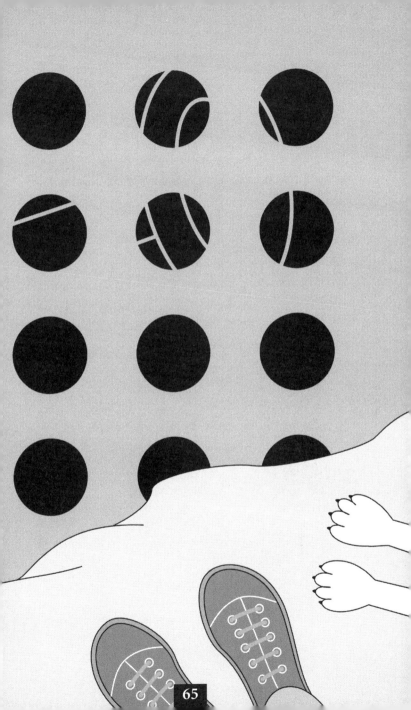

Da ist was im Busch

Der Garten unseres Nachbarn sieht ganz ähnlich aus. Ich finde kugelförmige Büsche blöd. In wilden Gärten spiele ich viel lieber als in perfekten Parks.
Perfekt? Etwas passt nicht ins Bild: diese weißen Striche auf den Kugeln. Vielleicht ist das wieder eine versteckte Botschaft? Ja, da ist eindeutig etwas! Ein weiterer Hinweis meines Großonkels.
»Komm, Struppi, das sehen wir uns mal genauer an!«
Auf den Büschen liegt ein weißes Seil. Ich rolle es auf, vielleicht kann ich es noch gebrauchen. Am Ende des Seils hängt ein Brief. Bevor ich ihn öffnen kann, schnappt sich der Hund den Umschlag.
»Aus! Struppi, lass das!«
Zu spät, er hat das Papier in kleine Fetzen zerrissen. Mühevoll sammle ich sie ein und lege sie nebeneinander, wie ein Puzzle. Es ist die ersehnte Nachricht.

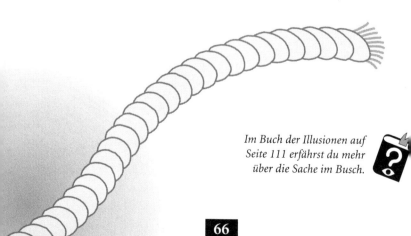

Im Buch der Illusionen auf Seite 111 erfährst du mehr über die Sache im Busch.

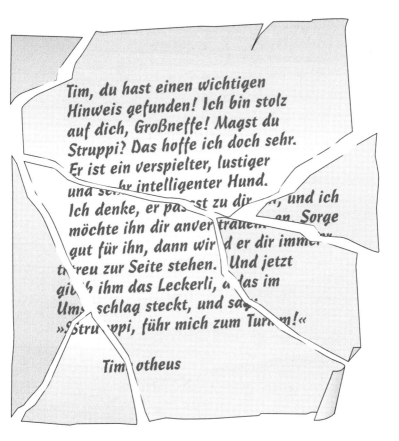

Tim, du hast einen wichtigen Hinweis gefunden! Ich bin stolz auf dich, Großneffe! Magst du Struppi? Das hoffe ich doch sehr. Er ist ein verspielter, lustiger und sehr intelligenter Hund. Ich denke, er passt zu dir, und ich möchte ihn dir anvertrauen. Sorge gut für ihn, dann wird er dir immer treu zur Seite stehen. Und jetzt gib ihm das Leckerli, das im Umschlag steckt, und sag: »Struppi, führ mich zum Turm!«

Timotheus

Das Leckerli hat Struppi längst vertilgt. Intelligent ist der Hund, das stimmt!
»Struppi!«
Treu ist er auch. Kaum habe ich gerufen, sitzt er schon neben mir und schaut mich erwartungsvoll an.
»Führ mich zum Turm!«
Freudig bellend rennt er los zum Schloss. Vor einem der Türme bleibt er stehen. Ich öffne die Tür und wir steigen die Stufen hinauf.

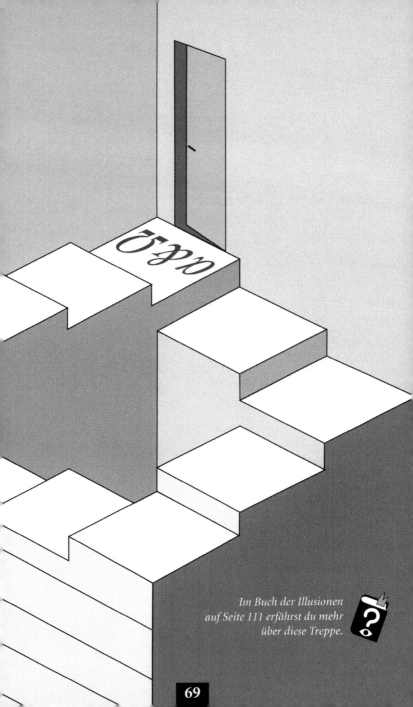

Im Buch der Illusionen auf Seite 111 erfährst du mehr über diese Treppe.

Gefährliche Kletterpartie

Diese Treppe ist wie verhext: Ich komme immer wieder da an, wo ich gestartet bin. So werde ich nie hinaufgelangen. Es muss einen anderen Weg geben.
Wieder draußen, gehe ich langsam um den Turm herum. Auf der Rückseite entdecke ich eine Leiter, die an der Mauer lehnt. Damit könnte ich es vielleicht bis zu dem kleinen runden Fenster ganz oben schaffen. Allerdings reicht die Leiter nur bis zum Rand des Dachs.
Es gibt zwei Möglichkeiten: Ich kann versuchen von dem Mauervorsprung aus zum Fenster zu gelangen. Der Abstand erscheint mir aber sehr groß. Oder ich könnte auf die Turmspitze klettern und mich dann vom Dach aus abseilen. Vom Giebel scheint das Fenster weniger weit entfernt zu sein.
Deshalb entscheide ich mich für den Weg übers Dach. Zum Glück trainiere ich regelmäßig an der Kletterwand im Sportzentrum. Das kann ich jetzt gut gebrauchen. Und ein Seil habe ich auch.

Im Buch der Illusionen auf Seite 110 erfährst du mehr über diese Kletterpartie.

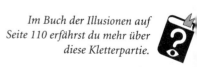

Versteckter Hinweis

Endlich berühren meine Füße den Boden der Dachkammer und ich lasse das Seil los. Meine Hände brennen und ich zittere vor Erschöpfung. Plötzlich kommt mir alles unwirklich vor. Bin ich gerade tatsächlich einen hohen Turm hinaufgeklettert – oder habe ich das bloß geträumt?

Ich kneife mir in den Arm. »Autsch!« Das tat weh, also war es wohl kein Traum. Dann schaue ich auf die Uhr. Schon zehn! Ich muss endlich den Schatz finden.

Aber wo soll ich anfangen? Der Raum ist hell erleuchtet und leer. Hier gibt es nichts, was mir weiterhelfen könnte. Ich bin müde und da ist bloß diese seltsame Tapete: schwarze Streifen auf weißem Grund. Ich lasse meinen Blick darauf ruhen.

Und dann, nach einer Weile, sehe ich etwas.

Im Buch der Illusionen auf Seite 110 erfährst du mehr über diese Wand.

Falscher Ausgang

Das kommt mir bekannt vor. Diesen Farben bin ich hier im Schloss schon irgendwo begegnet. Richtig, in der Eingangshalle, beim Porträt von Graf Augenspuk. Ob das ein weiterer Hinweis ist?
Sicherheitshalber durchsuche ich das Turmzimmer noch mal gründlich. Ich will nichts übersehen. Da, eine Luke im Boden. Ich hebe sie an. Es sieht so aus, als hätte ich eine Wendeltreppe gefunden. Besser gesagt: eine Wendeltreppe ohne Stufen. Vielleicht kann ich ja über das Geländer hinunterrutschen, das würde mir eine weitere Kletterpartie ersparen.
Vorsichtig steige ich durch die Öffnung hinab und setze mich aufs Treppengeländer. Mit schweißnassen Händen halte ich mich daran fest. Bloß nicht in die Tiefe gucken! Zentimeter um Zentimeter rutsche ich vorwärts.
Nach einiger Zeit – mir ist, als wären Stunden vergangen – sitze ich wieder unter der Luke. Sie ist noch genauso nah wie vorher. Ich habe mich keinen Millimeter abwärts bewegt. Ich drehe mich einfach nur im Kreis!

Im Buch der Illusionen auf Seite 109 erfährst du mehr über dieses merkwürdige Treppengeländer.

Der Lösung auf der Spur

Mühsam stemme ich mich vom Geländer zur Luke hoch und steige ins Zimmer zurück. Meine Arme tun weh, mir ist schwindlig und ich möchte nur noch eines: schlafen. Das passiert mir zum ersten Mal. Normalerweise ärgere ich mich immer, weil ich abends so früh das Licht ausmachen muss. Ich lese dann oft stundenlang unter der Bettdecke – meistens Abenteuergeschichten –, bis mir Mama die Taschenlampe wegnimmt.

Was meine Eltern wohl denken? Sicher sind sie schon ganz verzweifelt. Vermutlich haben sie die Polizei alarmiert und die sucht jetzt alles ab! Mit Hundestaffel und Hubschrauber. Ein Foto von mir flimmert über den Fernsehbildschirm ... Ich sollte so schnell wie möglich nach Hause!

Andererseits – endlich erlebe ich mal selber ein Abenteuer. Und dann will ich davonrennen, bevor ich den Schatz gefunden habe? Das wäre idiotisch. Alle würden mich auslachen. Ich muss versuchen das Rätsel zu lösen. Am besten schaue ich noch mal alles an, was ich bisher gesammelt habe.

Hier ist der Zettel mit der seltsamen Rechenaufgabe:

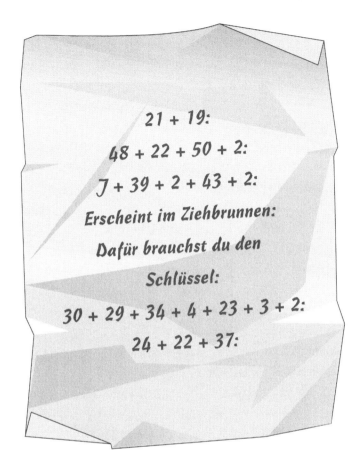

Erscheint im Ziehbrunnen: Das ist eindeutig Graf Augenspuk. Sein Gesicht war es, das ich dort unten gesehen habe.

Dafür brauchst du den Schlüssel. Wozu braucht man einen Schlüssel? Ja, klar! Für ein Schloss.

21 + 19: Das ergibt 40.

Also: »40 Graf Augenspuk ein Schloss«.

Nein, das ergibt keinen Sinn.

Was, wenn die Zahlen Teil einer Geheimschrift sind? In den Sommerferien haben mein Freund Max und ich selber eine erfunden: A ersetzten wir durch die Zahl 1, B durch 2, C durch 3 und so weiter. 21 würde für U stehen und 19 für S.

»US Graf Augenspuk ein Schloss«.

Nein, auch das führt zu nichts. Viele Zahlen, zum Beispiel die 50, passen auch gar nicht dazu. Es gibt bloß 26 Buchstaben und das J in der dritten Zeile wäre dann ja überflüssig.

Ich gebe auf. Jetzt muss ich erst mal sehen, wie ich von diesem Turm runterkomme, später habe ich vielleicht eine bessere Idee.

Nach einer weiteren Kletterpartie erwartet mich Frau Amalia unten am Turm.

»Mein armer Junge! Du siehst müde aus. Der Graf hält dich ganz schön auf Trab!«

Graf Augenspuk? Wieso spricht sie vom Grafen? Ist am Ende mein Großonkel …?

»Komm, du musst dich erst mal stärken«, sagt sie, bevor ich nachfragen kann, und führt mich in die Küche. Auf einem der Tische steht eine Tasse Kakao, die verlockend duftet. Aber der Teller Suppe ist viel näher, und weil ich schrecklich hungrig bin, greife ich danach.

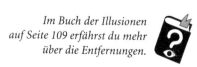

Im Buch der Illusionen auf Seite 109 erfährst du mehr über die Entfernungen.

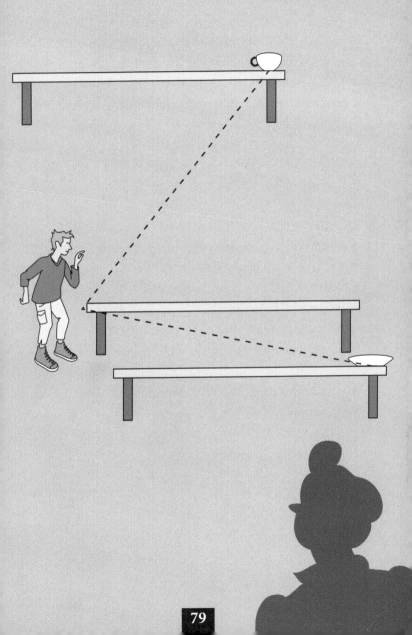

Fleck weg!

»Für dich hatte ich eigentlich den Kakao hingestellt, aber du magst Suppe offenbar lieber«, meint Frau Amalia erstaunt.
»Nein, Kakao schmeckt mir besser«, gebe ich zu und unterdrücke ein Gähnen. »Die Tasse war bloß so weit weg.«
»Weit weg? Da täuschst du dich aber!« Die Haushälterin lächelt verschmitzt und bringt mir das süße Getränk.
»Hallo, Tim! Hast du den Schatz schon gefunden?«, donnert da eine Stimme. Der alte Hubertus setzt sich mit einem Teller Suppe neben mich.
Vor Schreck lasse ich meinen Löffel fallen und Suppe schwappt aufs Tischtuch. Ein hässlicher Fleck breitet sich darauf aus.
»Ent-ent-entsch-schuldigen Sie bitte!«, stottere ich.
»Kein Problem, mein Junge«, beruhigt mich Frau Amalia. »Für so etwas gibt's einen Trick: Schau eine Weile auf den Fleck!«

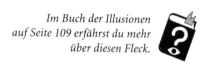

Im Buch der Illusionen auf Seite 109 erfährst du mehr über diesen Fleck.

Angriff der Menschenfresser

»Da staunst du, was?«, brummt der Alte. »Aber sag, wie steht's nun mit dem Rätsel?«
»Ich verstehe einfach nicht, was die Zahlen bedeuten«, gebe ich kleinlaut zu.
»Was sitzt du dann noch hier? Los, Struppi, mach dem Faulpelz Beine!«
Prompt packt mich die Hundeschnauze am Pulloverärmel und zerrt mich durch die Tür auf den Korridor.
Aus der Ferne höre ich: »… solltest du auf jeden Fall Zimmer 384 unter die Lupe nehmen!«
Zimmer 384 – das war doch der Raum mit dem Geheimschrift-Teppich.
Struppi zieht noch immer an meinem Ärmel.
»Struppi, aus. Lass das!«
Der Hund gehorcht nicht. Er denkt wohl, das sei ein neues Spiel. Ich drehe mich zur Seite, um ihn abzuschütteln, und erstarre.
Direkt vor mir sehe ich die aufgerissenen Mäuler zweier Riesen. Menschenfresser?!

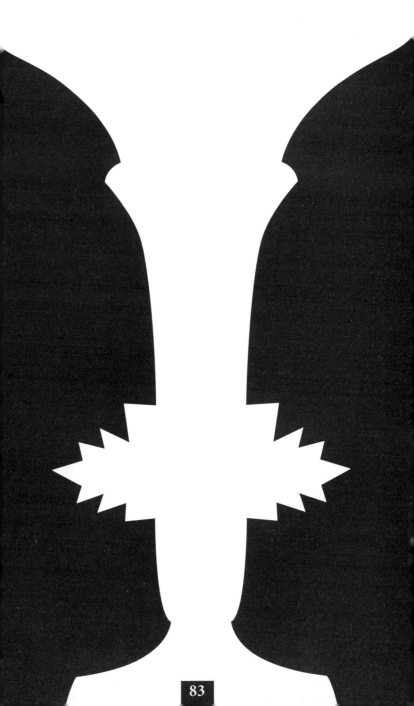

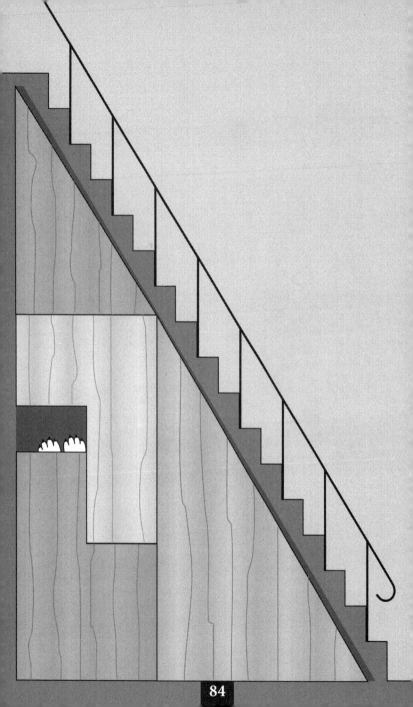

Ein sicheres Versteck

Der Hund lässt mich sofort los und rennt davon, ich hinterher. Da er schneller ist, verliere ich ihn bald aus den Augen. Sicher hat er sich irgendwo verkrochen.
»Struppi, wo bist du?«
Ich höre leises Winseln. Es kommt von links. Dort auf der Seite unter der Treppe ist ein Verschlag. Durch eine kleine Öffnung dringt freudiges Bellen. Hier hat sich der Hund also versteckt.
»Still, Struppi! Sonst verrätst du noch, wo wir sind.«
Schwere Schritte nähern sich. Höchste Zeit zu verschwinden. Ich reiße die Bretter weg und schlüpfe unter die Treppe. Dann stelle ich die vier Teile hastig wieder an ihren Platz. Gerade noch geschafft! Die Stufen über uns knarren. Das müssen die Menschenfresser sein. Zum Glück entfernt sich das Geräusch. Wir sind ihnen entkommen.
Erleichtert atme ich auf. Dann bemerke ich, dass die Lücke zwischen den Brettern verschwunden ist. Wieso passen die Teile plötzlich so gut zusammen? Vermutlich kommt es darauf an, wie man sie anordnet. Das Ganze erinnert mich an ein altes Computerspiel. Tetris heißt es, glaube ich.

Seltsam, es müsste doch stockdunkel sein hier drin. Das ist es aber nicht. Durch eine Ritze dringt ein wenig Licht in den kleinen Raum. Während ich grüble, legt mir Struppi seinen Kopf aufs Bein und ich kraule ihn. Er hat etwas im Maul. Ich taste danach, es ist lang und dünn. Ein Stöckchen kann es nicht sein, dafür fühlt es sich zu glatt an.
»Gib mal her, Struppi!«
Der Hund lässt den Gegenstand los. Schwer liegt er in meiner Hand. Ich ertaste einen Schalter, drücke ihn und kneife sofort die Augen zusammen. Es ist eine Taschenlampe. Damit leuchte ich in alle Ecken des Unterschlupfs, finde aber nichts. Hier ist kein Schatz versteckt.
Zufällig huscht der Lichtkegel über die Bretter. Da sind Buchstaben, es ist eine Mitteilung.

Hallo, Tim!
Magst du Puzzles? Ordne diese Bretter
so an, dass die Lücke verschwindet.
Viel Spaß!
Timotheus

Tja, damit kommst du ein bisschen spät, lieber Großonkel! Das habe ich bereits getan.

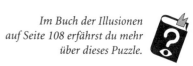

Im Buch der Illusionen
auf Seite 108 erfährst du mehr
über dieses Puzzle.

Entwarnung

Es ist still. Die Menschenfresser suchen vermutlich in einem anderen Teil des Schlosses nach uns. Ganz vorsichtig, damit ich keinen Lärm mache, entferne ich ein Brett und wage einen Blick nach draußen.

Da sind sie ja immer noch! Dort vorne, am Ende des Korridors. Mit aufgerissenen Mäulern starren sie sich an. Sie scheinen mich nicht zu bemerken. Jedenfalls bewegen sie sich nicht. Ich warte eine Weile. Nichts geschieht – selbst als der Verschlag mit Getöse in sich zusammenfällt. Die beiden scheinen versteinert.

Langsam taste ich mich an der Wand entlang auf sie zu. Struppi folgt mir bei Fuß. Endlich stehen wir ganz dicht vor ihnen, so dass sie meinen Atem spüren müssten. Ich strecke die Hand aus und berühre den rechten Kopf. Doch da ist nichts.

Wie konnte ich mich bloß so täuschen?

Im Buch der Illusionen auf Seite 107 erfährst du mehr über diese Monster.

Zwei Schlüssel

»Eine Vase, die vor dem Fenster steht – davor sind wir davongelaufen, Struppi! Zum Glück hat das Max nicht gesehen, der würde sich totlachen.«
Ich muss grinsen. Dem Grinsen folgt irres Kichern, ein Lachanfall steigt in mir auf und schüttelt mich. Ich kann nicht mehr, schnappe nach Luft, muss mich irgendwo festhalten – lautes Klirren. Die große Vase liegt auf dem Boden, zerbrochen.
»Tim, das war eine wertvolle Antiquität!«, kreischt eine Frauenstimme hinter meinem Rücken.
Ich drehe mich um. Da steht Frau Amalia, die Hände auf die Hüften gestemmt. Ihr Gesicht ist rot vor Wut.
Langsam richte ich mich auf und stammle: »Es tut mir Leid. Ich dachte, das seien Menschenfresser, und …«
»Menschenfresser?«
»Ja, ich …«
»Ich glaube, du träumst! Aber lassen wir das«, unterbricht sie mich und gibt mir ein gefaltetes Papier.
Schon wieder ein Brief.

Alle Achtung, Tim!
Bald hältst du den Schlüssel zum Schatz in den Händen. Du findest ihn in der obersten Schublade dieser Kommode. Dort liegen allerdings zwei Schlüssel. Bedeck dein rechtes Auge. Schau aus einer Entfernung, die deiner Armlänge entspricht, auf den rechten Schlüssel. Dann wirst du sehen, welcher der richtige ist: nämlich der, der verschwindet.
Timotheus

91

Im Buch der Illusionen auf Seite 107 erfährst du mehr über diese Schlüssel.

Wo ist der Schatz?

Da ist er also, der Schlüssel zum Schatz. Doch wo ist der Schatz? Ich versuche mit dem Schlüssel die anderen Schubladen zu öffnen, aber er passt nicht.
»Was tust du da? Willst du nun auch noch die schöne alte Kommode ruinieren?«, ruft Frau Amalia empört und zieht mich weg.
»Ich suche den Schatz!«, wehre ich mich.
»Bis du alle Schlösser hier im Schloss ausprobiert hast, bist du alt und grau. Streng dich ein bisschen mehr an, Tim. Denk nach!«
Ich seufze erschöpft. »Ich bin so müde, ich mag nicht mehr weiterrätseln.«
»Komm mit, bei einer heißen Tasse Kakao überlegt es sich leichter«, sagt sie nun wieder viel freundlicher und nimmt mich am Arm.
In der Küche lodert immer noch ein Feuer im Kamin, es ist warm und gemütlich. Unter dem Tisch liegt Struppi und schläft. Der hat's gut!
Ich setze mich hin, und während Frau Amalia den Kakao zubereitet, ziehe ich die rätselhafte Botschaft aus der Tasche und denke nach.

21 + 19:
48 + 22 + 50 + 2:
7 + 39 + 2 + ...
Erscheint im Ziehbrunnen:
Dafür brauchst du den
Schlüssel:
30 + 29 + 34 + 4 + 23 + 3 + 2:
24 + 22 + 37:

Kakao trinken und nachdenken

Bald steht vor mir eine Tasse, aus der süß duftender Dampf aufsteigt. Struppis Nase zuckt zwei, drei Mal, dann öffnet der Hund seine Augen, steht auf und schaut mich bittend an. Er hat es auf den Keks abgesehen, den ich mir in den Mund schiebe. Ich breche ein Stück ab und gebe es ihm.
Die Tür öffnet sich und der alte Hubertus kommt herein. »Jetzt sitzt der Junge schon wieder in der Küche. Amalia, du verwöhnst ihn zu sehr! Oder hat er das Rätsel schon gelöst?«
»Er ist gerade dabei.«
»Hier in der Küche? Ich sagte doch, er soll sich im Zimmer 384 noch mal umsehen.«
Das Zimmer 384? Da hängt doch der Teppich. Wozu der Umweg? »Ich habe das Teppichmuster abgezeichnet«, melde ich mich zu Wort.
»Soso. Zeig mal her!« Hubertus Meier beugt sich interessiert über das Papier. »Und? Was bedeutet das?«
»Das ist eine Geheimschrift und da steht: STROMAUSFALL SCHAU AUF DIE DUNKLE GLUEHBIRNE UND ZAEHL BIS 60.«
»Hast du es ausprobiert?«
Ich nicke.
»Na, dann hat es sich gelohnt, das Gewitter und den Stromausfall zu inszenieren. Das war gar nicht so einfach.«

Den Code knacken

Hubertus Meier grinst. »Und jetzt heißt es, richtig kombinieren, mein Junge! Kombinieren!«
»Kombinieren? Was bedeutet das?«
»Dass du mehrere Dinge miteinander verknüpfen sollst.«
Ich denke angestrengt nach. Dann fällt es mir wie Schuppen von den Augen. Aber klar! Ich war schon so nah dran. Die Zahlen beim Rätsel stehen *doch* für Buchstaben, aber für die Buchstaben und Ziffern auf dem Teppich!
Ich hole den Bleistift hervor und nummeriere von Anfang bis zum Schluss durch. Über das S schreibe ich eine 1, über das T eine 2, …

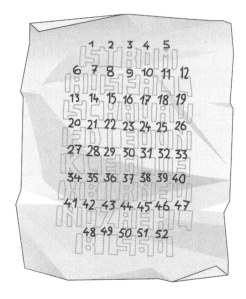

Nun muss ich die Buchstaben nur noch mit den rätselhaften Zahlen kombinieren …

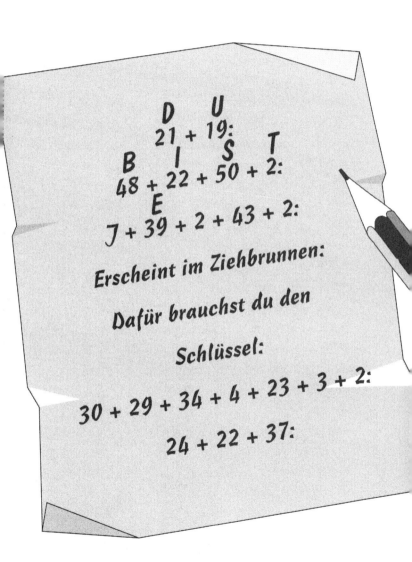

Alles wird gut

Ungläubig lese ich, was da steht: DU BIST JETZT GRAF AUGENSPUK DAS SCHLOSS GEHOERT DIR.
»Ich bin Graf Augenspuk! Struppi, was sagst du dazu?«
Keine Antwort.
»Wo bist du, du Streuner?«
Die Küche ist leer. Vertieft ins Nachdenken habe ich gar nicht bemerkt, dass Hubertus, Amalia und der Hund mich allein gelassen haben.
Plötzlich höre ich einen Knall.
Was war das? Ich renne zur Tür hinaus und die Treppe hoch. Ein roter Blitz. Das kommt von draußen.
Noch ein Knall. Roter Regen fällt vom Himmel. Ein Feuerwerk!
Ich liebe Feuerwerk, das will ich mir nicht entgehen lassen. Schnell raus in den Park! In der Eingangshalle finde ich Struppi, ungeduldig kratzt er an der Tür. Sie ist verschlossen.
Der Schlüssel! Ich stecke ihn ins Schloss, er passt.
Die Tür fliegt auf und ich liege in den Armen meiner Mutter. »Tim!«
»Ich gratuliere dir, mein Sohn«, höre ich meinen Vater sagen.
In der Ferne schlägt eine Turmuhr zwölf. Mitternacht! So lange darf ich nur selten aufbleiben. Aber heute ist alles anders. Ab heute bin ich ein Graf und besitze ein Schloss!

»Tim!«, sagt eine bekannte Stimme. »Tim, wach endlich auf!«
Ich schrecke hoch und sehe in die Augen meiner Mutter. »Wo bin ich?«
»Wir sind im Haus von Großonkel Timotheus. Hast du das vergessen?«
»Und das Schloss?«
»Welches Schloss?« Meine Mutter sieht mich beunruhigt an.
»Ach, nichts«, murmle ich enttäuscht. Es war also doch nur ein Traum.
Missmutig krabble ich aus dem Bett. Es ist das einzige Möbelstück im Zimmer, das nicht mit Krimskrams bedeckt ist. Das immerhin habe ich nicht geträumt, das Haus meines Großonkels ist tatsächlich voll gestopft mit tausend verschiedenen Sachen.
Ich ziehe mich an und gehe nach unten. Auf dem Küchentisch steht eine Tasse Kakao. Da muss ich lächeln. Nun fehlt bloß noch Struppi.
»Du hast Post bekommen«, sagt meine Mutter und gibt mir ein Päckchen.
Es liegt schwer in meiner Hand. Ungeduldig reiße ich die Verpackung auf und starre auf ein Buch: GEHEIMNISSE AUF SCHLOSS AUGENSPUK.
Ein Umschlag fällt heraus. Es ist ein Brief.

Lieber Tim!

Erinnerst du dich an mich? Wohl kaum. Ich habe euch nur ein einziges Mal besucht und da warst du erst zwei Jahre alt. Trotzdem kenne ich dich ziemlich gut. Dein Vater schreibt mir oft und besucht mich, wann immer es geht, das letzte Mal vor einigen Wochen. Hier in der Seniorensiedlung gefällt es mir ziemlich gut. Es ist bloß schade, dass ich so viele schöne Dinge in meinem Haus zurücklassen musste. Dein Vater hat mir aber versprochen, dass ihr euch in den Herbstferien darum kümmern werdet.

Ich weiß, für einen Jungen wäre Urlaub am Meer sicher lustiger gewesen. Als kleinen Trost möchte ich dir dieses Buch schenken. Graf Augenspuk gibt es natürlich nicht. Das ist ein Spitzname, den mir meine Freunde gaben, weil ich mich so sehr für optische Täuschungen interessiere. Ich denke, dass auch du großen Spaß daran haben wirst. Dein Vater erzählt viel von dir – unter anderem, dass du gerne Rätsel löst. Deshalb bekommst du heute dieses Buch. Geh hinunter in den Keller. Dort wirst du etwas Interessantes finden.

Dein Großonkel

Timotheus

Das Abenteuer beginnt

Träume ich? »Mama, kneif mich bitte!«
»Fühlst du dich nicht gut?«, fragt meine Mutter und sieht mich besorgt an.
»Doch, doch«, beruhige ich sie und stürme hinunter in den Keller.
Am Fuß der Treppe steht eine Holzkiste. Darauf klebt ein Zettel mit der Aufschrift: »Für Tim«.
Ungeduldig suche ich nach dem Verschluss. Da, er lässt sich problemlos öffnen. Ich sehe hinein. Kein Fahrrad. Stattdessen Papier, Karton, Leim, Schreibzeug ... Enttäuscht leere ich den Inhalt auf den Boden. Was soll das?
Von oben höre ich aufgeregtes Bellen. Dann die Stimme meiner Mutter: »Platz! Platz, habe ich gesagt!«
Schnell wie der Blitz renne ich die Treppe hoch und stolpere beinahe über einen großen, wuschligen Hund.
»Pass doch auf, Tim. Das ist Struppi, der Hund deines Großonkels.«
Ich starre meine Mutter ungläubig an.
»Ja. In der Seniorensiedlung sind Hunde leider nicht erlaubt, darum wird Struppi ab jetzt bei uns leben.«
Die Tür fliegt auf, mein Vater tritt ein. »Na, Tim? Schon auf den Beinen? Hast du das Geschenk deines Großonkels bekommen?«
»Struppi?«
»Nein, ich meine die Kiste im Keller. Komm mit!«

Noch eine geheime Botschaft

»Da war bloß Papier und Schreibzeug drin«, erkläre ich und zeige meinem Vater enttäuscht den Inhalt der Holzkiste.

»Und ein Brief!«, sagt mein Vater und hält mir einen Umschlag unter die Nase.

Hallo Tim!

Papier, Karton und Stifte – sicher hast du etwas anderes erwartet. Etwas Spannenderes! Ich kann dir versichern, dieses Abenteuer wird spannend. Schau das Buch GEHEIMNISSE AUF SCHLOSS AUGENSPUK ganz genau an. Denn dort findest du deinen Auftrag.

Du musst bloß dieses Rätsel lösen:

48 + 16 + 40
21 + 49 + 3
24 + 45 + 49 + 38
13 + 14 + 34 + 47 + 4 + 50 + 1
44 + 40 + 30 + 45 + 26 + 8 + P + 32 + 27!

Viel Vergnügen!

Timotheus

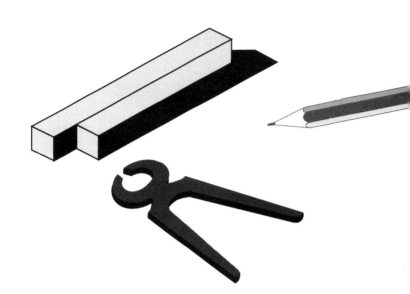

Schablone

Trenne diese Seite heraus und schneide dann
vorsichtig die Felder A und B aus.
Leg die Schablone über die Zeichnung auf Seite 61.
Du wirst sehen, die Bodenplatten A und B sind
gleich hell.

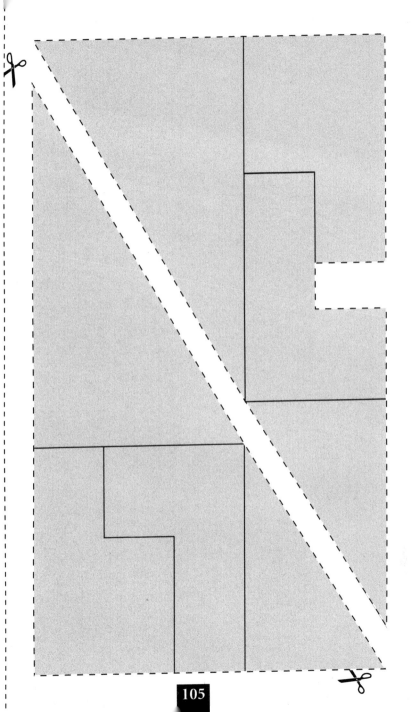

90

Puzzle

Schneide die beiden Figuren
auf der Rückseite aus.
Leg sie übereinander und danach
auf die Zeichnung auf Seite 84.

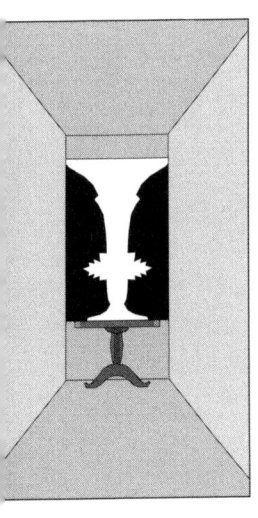

Was steht im Vordergrund?

Zwei hässliche Fratzen oder eine Vase? Beides ist möglich, je nachdem, was du als Vordergrund wahrnimmst und was als Hintergrund. Zuerst scheint es, als sei die helle Fläche der Hintergrund. Das wirkt so, weil sie nach unten und oben nicht begrenzt war. Sobald der Raum ringsum zu sehen ist, wird klar: Der helle Teil des Bildes ist eine Vase, die vor einem dunklen Hintergrund steht.

Schlüssel, verschwinde!

Decke das rechte Auge ab, halte das Bild vor die Augen und schau auf den rechten Schlüssel. Nun streck langsam die Arme aus: Du wirst sehen, plötzlich verschwindet der linke Schlüssel. Das liegt am blinden Fleck. Auf einem kleinen Teil deiner Netzhaut gibt es keine Sehzellen. Deine Augen sind an dieser Stelle blind. Normalerweise merkst du nichts davon, weil dein anderes Auge den fehlenden Teil des Bildes ergänzt. Mit diesem Trick kannst du es daran hindern.

Die Lücke schließen

Erstaunlich: Wenn du die Bretter anders zusammensetzt, passen sie plötzlich und füllen den dreieckigen Zwischenraum unter der Treppe ganz aus – der allerdings nur dreieckig scheint. Denn das ist eine Täuschung. Auf dem zweiten Bild ist der Zwischenraum unter der Treppe kein Dreieck! Die Linie rechts ist nicht gerade, sondern leicht geknickt. Schneide die Figuren auf Seite 105 aus und lege sie übereinander. Du wirst sehen, ihre Form ist nicht genau gleich. Lege nun die Figuren nacheinander in den Zwischenraum unter der Treppe. Verblüffend, nicht? Vorher nahmen deine Augen diese kleine Abweichung nicht wahr und ließen sich ein Dreieck vorgaukeln.

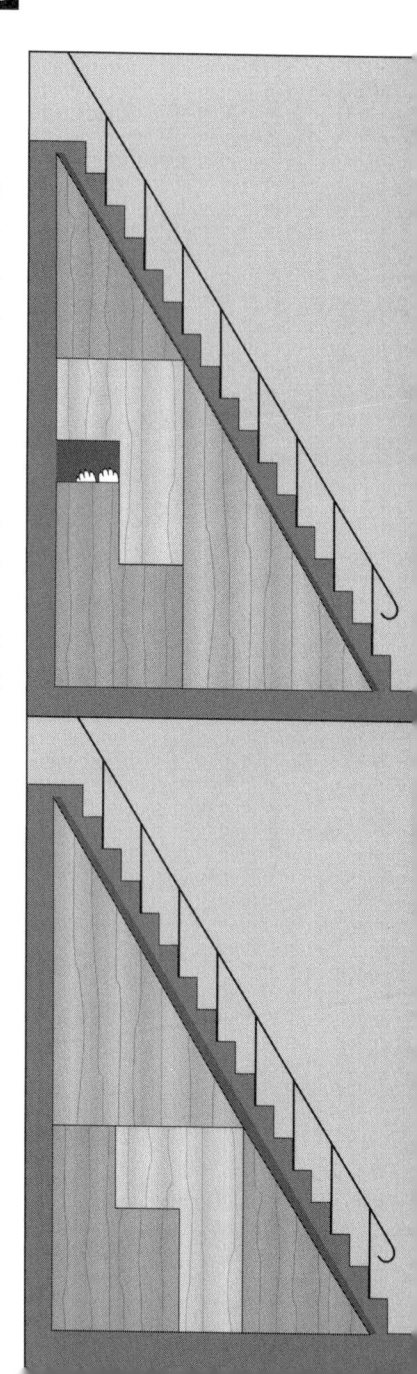

Keine Spirale

Folge mit dem Finger der Linie. Du wirst merken: Es ist keine Spirale, die in die Mitte führt. Es sind Kreise. Die Spirale existiert nur in deinem Kopf! Diese Täuschung entsteht durch die Linien, die zum Zentrum führen. Sie ziehen deinen Blick zur Mitte hin.

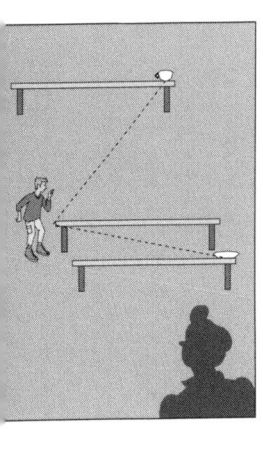

Gleich weit weg

Der Weg zum Kakao ist gleich lang wie der zur Suppe. Miss selber! Auf dein Augenmaß solltest du dich in diesem Fall nicht verlassen. Linien, die steil nach oben oder unten führen, erscheinen länger als waagrechte und flach auf- oder absteigende.

Fleck weg!

Wenn du den Löffel lange genug anstarrst, verschwindet der Fleck. Das funktioniert allerdings nur, wenn die Ränder des Flecks so unscharf sind wie auf diesem Bild. Der Grund dafür ist derselbe wie bei der »Glühbirne«: ein negatives Nachbild.

Unnötige Kletterpartie

Tim hätte sich den letzten Teil der Kletterpartie sparen können. Vom Sims ist es genau gleich weit zum Fenster wie von der Turmspitze. Miss mal die Distanzen von oben und unten! Es sieht bloß so aus, als sei der Sims weiter weg. Das Auge wird dadurch verwirrt, dass die untere Fläche des Dreiecks größer ist. Außerdem liegt das Fenster im oberen Teil des Dreiecks näher an den Seitenlinien.

Geisterfarben

Wenn du diese Linien länger betrachtest – am besten bei schwachem Licht –, siehst du plötzlich rote und grüne Vierecke. Wie diese »Geisterfarben« entstehen, ist von der Wissenschaft noch nicht geklärt.

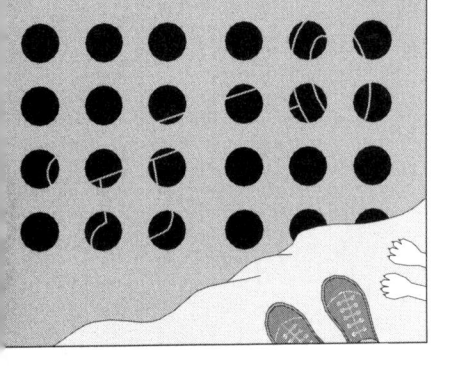

Da liegt der Schlüssel

Schon wieder ein Vexierbild! Den versteckten Gegenstand hast du in deinem Leben schon oft gesehen und seine Form in deinem Gehirn abgespeichert. Ein paar Linien, welche die bekannte Form andeuten, reichen und du erkennst, was sie darstellen: einen Schlüssel. Dein Gehirn ergänzt einfach die fehlenden Linien.

Unendliche Treppe

Auch diese Treppe ist ein »unmögliches Objekt«: aus oben wird unten, aus unten wird oben. Wie beim »unmöglichen« Gartenhaus wird dein Gehirn hier zum Narren gehalten.

Die beiden Zeichen auf der Stufe vor der Tür sind übrigens die Buchstaben A und O aus dem griechischen Alphabet. Sie heißen *Alpha* und *Omega* und bedeuten auch *Anfang* und *Ende*.

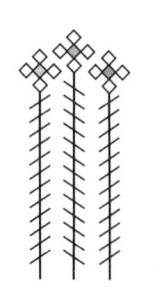

Übrigens, die Stängel der Blumen auf Seite 58 verlaufen genau parallel zueinander, obwohl es vielleicht nicht so wirkt. Die kurzen Schrägstriche lenken deine Augen ab und die Stängel werden dadurch nach links oder rechts »verzogen«.

Gleich helle Bodenplatten

Die Bodenplatten A und B sind gleich hell. Das glaubst du nicht? Schneide die Schablone auf Seite 104 aus und überprüfe es! Sind die grauen Flächen von Weiß umgeben, siehst du, dass sie gleich hell sind. Umgeben von unterschiedlichen Grautönen erscheinen sie jedoch heller oder dunkler. Deine Augen nehmen die Helligkeit nicht mehr richtig wahr. Für Verwirrung sorgt auch der Schatten der Säule. Dein Gehirn weiß, dass etwas, das im Schatten liegt, heller sein muss, als es erscheint.

Drinnen oder draußen?

Versuch mal aus Karton dieses Gartenhaus (oder die Holzkiste auf Seite 12) nachzubauen. Du wirst sehen, es ist unmöglich. Drinnen ist zugleich draußen, vorne zugleich auf der Seite. Solche »unmöglichen Objekte« gibt es bloß auf dem Papier. Trotzdem braucht dein Gehirn einen Moment, dies zu erkennen. Es ist daran gewöhnt, dass Dinge dreidimensional sind.

Nehmen wir an, das Gartenhaus sei 12 Zentimeter breit, 15 Zentimeter hoch und 11 Zentimeter tief. Wenn du das Gartenhaus zeichnest, hast du ein Problem: Auf dem Papier kannst du bloß zwei Dimensionen darstellen, die Höhe und die Breite. Für die dritte Dimension, die Seitenwand »nach hinten«, brauchst du einen Trick. Du zeichnest zwei parallele schräge Linien und verbindest sie mit einer senkrechten Linie.

Doch dein Gehirn sieht nicht bloß schräge Linien. Es ist daran gewöhnt, dass Dinge dreidimensional sind, und erkennt, dass die schrägen Linien die Seitenwände nach hinten darstellen. Nun kann man beim Zeichnen absichtlich ein paar Fehler machen und so das Gehirn ein bisschen verwirren.

Flohplage

Auf dem weißen Gitter tauchen aus dem Nichts dunkle Punkte auf. Sie erscheinen nicht überall auf dem Gitter, sondern nur da, wo sich die weißen Linien kreuzen. Die grauen Punkte verschwinden wieder, wenn man versucht sie mit dem Blick zu fixieren.

Erscheinung im Brunnenschacht

»Das Gespenst im Brunnenschacht« ist ein Vexierbild, so wie das »Spinnennetz«. Zuerst siehst du das Offensichtliche: schwarze Kleckse auf weißem Grund. Sobald du weißt, dass in der scheinbar sinnlosen Kleckserei ein Bild versteckt ist, sucht dein Gehirn nach einem bekannten Muster. Nach einer Weile siehst du das Bild plötzlich: Es ist der Kopf von Graf Augenspuk (Tipp: Wenn du das Buch um 180 Grad drehst, erkennst du Graf Augenspuk noch besser. Sein Kopf steht nämlich auf dem Kopf!). Nachdem du das versteckte Bild einmal gesehen hast, ist das Muster in deinem Gehirn als »Graf Augenspuk« abgespeichert. Von da an ist es für dich fast unmöglich, bloß noch Kleckse zu sehen.

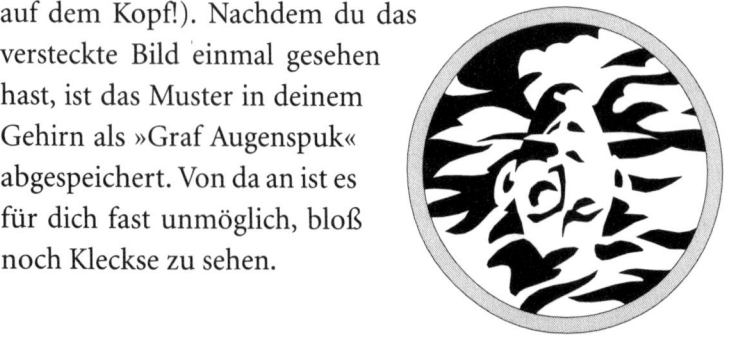

Es werde Licht!

Wenn du lange genug auf die dunkle Glühbirne starrst, siehst du ringsherum einen hellen Rand. Es ist derselbe Effekt wie beim Porträt des Grafen, das die Farbe wechselte: ein negatives Nachbild.

Stromstörung

War es schwierig, den Zeiger zu finden, der in die falsche Richtung zeigt? Vermutlich nicht. Das menschliche Gehirn erkennt Unregelmäßigkeiten sehr schnell. Jedenfalls dann, wenn sie so eindeutig sind wie bei diesem Beispiel.

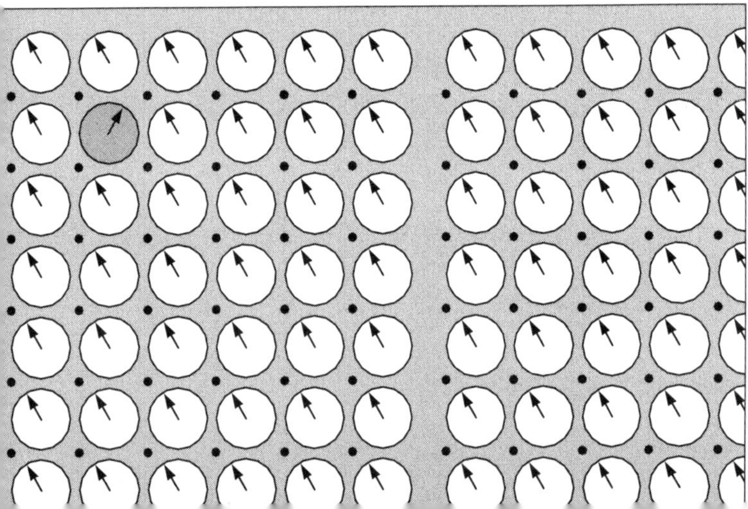

Auf den ersten Blick siehst du bloß ein Spinnennetz. Nun weißt du aber, dass Tiere darin versteckt sind. Deine Augen suchen das Netz ab und entdecken ein Muster, das ähnlich aussieht wie ein Tier. Nachdem dein Gehirn weiß, wie die Tiere ungefähr aussehen, erkennt es eines nach dem anderen: den Schmetterling, die Schnecke, die Echse, die Maus, den Vogel, die Schlange und den Katzenkopf. Jetzt, da du die Tiere gefunden hast, siehst du das Netz vermutlich mit ganz anderen Augen. Solche Bilder, in denen man bei genauerem Hinsehen weitere Bilder entdeckt, nennt man Vexierbilder.

Geheimnisvolles Teppichmuster

Im Teppichmuster ist eine Botschaft versteckt. Siehst du die Buchstaben? Kannst du lesen, was da steht? Nicht? Das liegt daran, dass deine Augen an den schwarzen Linien hängen bleiben. Aus Gewohnheit sucht dein Gehirn schwarze Buchstaben auf weißem Grund. Konzentrier dich mal auf den Hintergrund. Da steht die Botschaft weiß auf weiß!

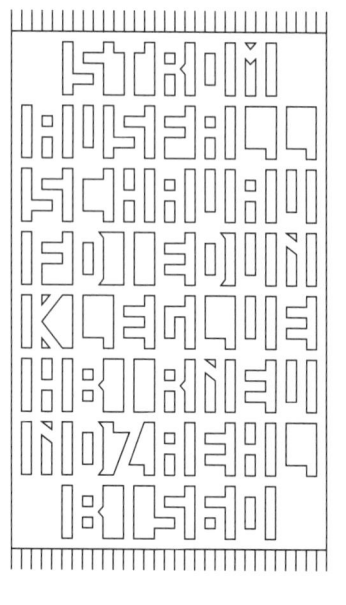

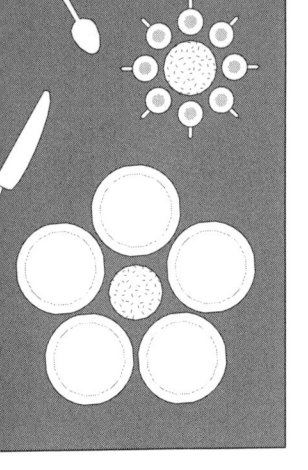

Gleich groß!

Beide Torten sind gleich groß! Glaubst du es nicht? Miss nach! Wenn du entscheiden sollst, ob etwas klein oder groß ist, vergleicht dein Gehirn es mit etwas anderem. Das geschieht ganz schnell, ohne dass du es merkst. Ein Beispiel: Neben einem Käfer sieht eine Maus groß aus. Verglichen mit einer Katze erscheint die Maus klein. Das ist auch bei den Torten so: Umgeben von den kleinen Tassen wirkt die Torte groß, verglichen mit den großen Tellern klein.

Dieses Spinnennetz hat's in sich

Aus groß wird klein

Sicher ist dir das auch schon aufgefallen: Ein Mensch, der von dir wegläuft, wird scheinbar immer kleiner. Natürlich schrumpft er nicht wirklich, es sieht bloß so aus. Das hat dein Gehirn gelernt. Und nun das: Miss das Monster auf Seite 27 und dann das auf Seite 28. Erstaunlich, beide sind gleich groß! Dein Gehirn – das Gewohnheitstier – denkt bloß, das Monster auf Seite 27 sei größer. Und zwar, weil es hinten im Korridor steht und dieser im Vergleich zum Monster niedrig ist.

Alles dreht sich um die Zeit

Wenn du das Buch hin und her bewegst, dann fängt auf dem Zifferblatt eine Art Propeller an zu kreisen, mal im Uhrzeigersinn, mal dagegen.

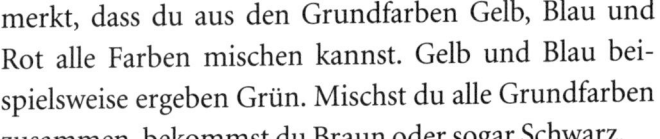

Aus Rot wird Grün

Wenn du etwa 30 Sekunden auf eine farbige Fläche schaust und dann auf eine weiße, siehst du die so genannte Komplementärfarbe. Statt Rot siehst du Grün. Warum das so ist?

Vermutlich hast du auch schon bemerkt, dass du aus den Grundfarben Gelb, Blau und Rot alle Farben mischen kannst. Gelb und Blau beispielsweise ergeben Grün. Mischst du alle Grundfarben zusammen, bekommst du Braun oder sogar Schwarz.

Beim Licht ist das ähnlich. Strahlt gelbes, rotes und blaues Licht auf denselben Punkt, erscheint dieser weiß. Das weiße Blatt sieht also weiß aus, weil es alle Farben des Sonnen- oder Lampenlichts reflektiert, das heißt ins Auge zurückwirft.

Wenn du lange eine bestimmte Farbe ansiehst, passen sich deine Augen an. (Das ist ähnlich, wie wenn du durch eine gelb getönte Skibrille den Schnee anschaust. Nach einer Weile erscheint er nicht mehr gelb, sondern weiß.) Starrst du also auf den roten Kopf des Grafen, passen sich die Augen an. Schaust du dann auf ein weißes Papier, siehst du die roten Anteile des Lichts nicht mehr, sondern nur noch die gelben und blauen, was Grün ergibt. Dieses Phänomen nennt man »negatives Nachbild«. Nach einer Weile nehmen deine Augen Rot wieder normal wahr und das Blatt erscheint wieder weiß.

Die Brücke schließt sich

Nähere dich mit der Nase dem weißen Abstand zwischen den Brückenteilen, bis die Buchseite beinahe die Stelle über deiner Nase berührt. Du wirst sehen: Die Brücke schließt sich. Das ist so, weil du das, was direkt vor deiner Nase liegt, nicht sehen kannst. Es liegt außerhalb deines Blickfeldes.

Geheime Botschaft

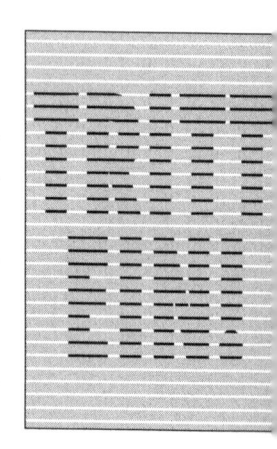

Zuerst siehst du bloß schwarze Linien und weiße Zwischenräume. Bewegst du das Blatt auf und ab, bemerkst du vielleicht etwas: Die Zwischenräume sind nicht überall weiß. An manchen Stellen sind sie leicht grau. Die grauen Stellen haben die Form von Buchstaben und diese bilden die Worte: TRITT EIN!

Drehende Räder

Wenn du die Räder des Fahrrads eine Weile betrachtest, beginnen sie sich scheinbar zu drehen. Der Grund dafür sind die unbewussten Augenbewegungen. Deine Augäpfel bewegen sich immer leicht. Im Normalfall merkst du das nicht, weil das Gehirn diese störende Wahrnehmung ausblendet. Täte das Gehirn dies nicht, würdest du von deiner Umwelt bloß verwackelte Bilder sehen. Wenn du das Muster auf den beiden Rädern anschaust, wird dein Gehirn überlistet und du siehst plötzlich Bewegung, wo keine ist.

Vielleicht hast du es schon gemerkt: Du kannst deinen Augen nicht immer trauen. Nur allzu leicht lassen sie sich durch einfache Tricks täuschen. Das Buch der Illusionen erklärt dir, wie diese Tricks funktionieren und wie du sie durchschauen kannst.

Viel Vergnügen beim Erforschen deiner optischen Wahrnehmung!

Graf Augenspuk

Buch der Illusionen

von Graf Augenspuk

Völlig abgefahren!

Andreas Schlüter (Hrsg.)
Völlig abgefahren!
Bilderrätsel, Labyrinthe,
Schreibspiele
von Sabine Dittmer
Originalausgabe
192 Seiten
Taschenbuch
ISBN 3-551-35458-8

Ob einmal im Jahr in den Urlaub oder Tag für Tag mit der U-Bahn zur Schule – unterwegs sein ist manchmal ganz schön anstrengend. Aber was, wenn man auf der Fahrt zum Konzert der Lieblingsband im Abteil des Sängers landet?! Oder wenn man feststellt, dass die Zugtoiletten verzaubert sind? Was, wenn man einem Kofferdieb auf die Schliche kommt – aber selbst als blinder Passagier unterwegs ist? Dann ist Bahnfahren Abenteuer pur!

www.carlsen.de

Spürsinn gefragt

Christian Tielmann
Ertappt!
Jede Menge Rätselkrimis
Illustriert von H. Schulmeyer
Originalausgabe
144 Seiten
Taschenbuch
ISBN 3-551-35187-2

Christian Tielmann
Erwischt!
30 neue Rätselkrimis
Illustriert von H. Schulmeyer
Originalausgabe
128 Seiten
Taschenbuch
ISBN 3-551-35192-9

Kommissar Schlotterteich ist ein alter Hase bei der Polizei. Er hat schon so manchen Schwerverbrecher hinter Gitter gebracht. Doch auch für ihn ist nicht jeder Dieb auf den ersten Blick zu entdecken ...

www.carlsen.de

Ganz schön knifflig

Maren von Klitzing
Lissy löst den Fall
Detektivgeschichten
zum Mitraten
Illustriert von Axel Dissmann
Originalausgabe
144 Seiten
Taschenbuch
ISBN 3-551-35336-0

Wie jedes Jahr muss Lissy die Sommerferien im Hotel ihrer Eltern verbringen. Das wird bestimmt todlangweilig, denkt sie. Doch dann geschehen verdächtige Dinge im Hotel Seemuschel! Und Lissy ist dem Verbrechen stets auf der Spur. Da ist zum Beispiel der entflohene Häftling Gustav Glasauge, der schleunigst dingfest gemacht werden muss. Oder ein Taschendieb, der sich auf dem Ball als galanter Tänzer tarnt. Lissy hat wirklich alle Hände voll zu tun …

www.carlsen.de